青少年野外生存实战手册

李澍晔　刘燕华◎著

中国纺织出版社
国家一级出版社
全国百佳图书出版单位

内 容 提 要

近几年，回归大自然、挑战野外探险悄然兴起，当青少年朋友热衷于上述活动时，是否想过自己会不幸在野外迷失方向？当你外出旅游时，不慎掉入深不可测的洞穴中时，你能否保持镇静的心态？当你乘坐的船不幸沉没时，你有没有信心"游"回岸边？当你所乘的飞机坠入荒凉的野外时，你是否有勇气、有能力走出来？

作者针对青少年特意创作了本书，意在帮助青少年朋友学习野外生存技能，特别是在遇到危险的时候，能够化险为夷，平安归来。本书里的野外生存知识涉及心理学、救护学、医学、生物学以及地理学等，是一本生存技能大百科，更是保障青少年朋友顺利脱险的实用指南。

图书在版编目（CIP）数据

青少年野外生存实战手册 / 李澍晔，刘燕华著. —北京：中国纺织出版社，2018.9（2022.8 重印）

ISBN 978-7-5180-5087-1

Ⅰ. ①青… Ⅱ. ①李… ②刘… Ⅲ. ①野外—生存—青少年读物 Ⅳ. ①G895-49

中国版本图书馆CIP数据核字（2018）第115268号

责任编辑：江 飞 责任印制：储志伟

中国纺织出版社出版发行

地址：北京市朝阳区百子湾东里A407号楼 邮政编码：100124

销售电话：010—67004422 传真：010—87155801

http：//www.c-textilep.com

E-mail：faxing@c-textilep.com

中国纺织出版社天猫旗舰店

官方微博http://weibo.com/2119887771

佳兴达印刷（天津）有限公司印刷 各地新华书店经销

2018年9月第1版 2022 年 8 月第 3 次印刷

开本：710×1000 1/16 印张：14

字数：142千字 定价：36.00 元

前 言

PREFACE

2017年冬天，北京某高校的几名大学生一起来到黑龙江旅行，然而当天大雪飘飞，交通条件恶劣，几人仍然坚持去观看雪景，结果他们乘坐的面包车发生严重的交通事故，车上的几名大学生全都葬身雪地，无一人生还。这不仅给他们的家人带来了沉重的打击，也震惊了全国。

近几年，随着人们生活水平的提高，越来越多的家长会在假期带孩子外出旅行，有的高中生、大学生也会结伴外出游玩。然而，出门在外，懂得一些基本的安全知识还是十分必要的。如果去黑龙江游玩的那几名大学生有足够的安全意识，事先了解大雪天气的基本特征和注意事项，他们就会选择更有利于出行的时间，选择更为安全的交通工具，如此也就不会发生后面的悲剧了。

如今，回归大自然、挑战神秘的高峰、结伴野外探险等受到越来越多的人的喜爱。然而，当你热衷于欣赏美景时是否想过：在野外，一个人或几个人不幸迷失方向，你是否有本领走出来？当你外出旅游，不慎掉入洞穴中时，你能否保持镇定心态采取自救？当你乘坐的轮船不幸沉没时，你能否顺利游回岸边？当你乘坐的飞机坠入荒野时，你是否有信心和能力成功呼救？

为此，作者特意创作了本书，意在帮助青少年朋友学习野外生存技能，普及户外安全知识，有效提升青少年野外应对突发危险的能力，让出门在外的人即使身处荒野，也能险境求生，用正确有效的方式帮助自己或朋友走出困境，化险为夷，平安归来。

全书分为十二章，分别从野外求生可以利用的工具、迷路时如何寻找方向、饥饿时如何寻找食源、口渴时如何寻找水源、野外行走的注意事项、野外急救与防治、野外求救通信应用、野外休息与藏身、野外气象观察等多方面讲解安全知识，内容涉及心理学、救护学、医学等多个学科，是一本生存技能大百科，语言通俗易懂，案例生动可信，生存提示温馨有效，可操作性强，更是保障青少年朋友顺利脱险的实用指南。

俗话说“技多不压身”，希望青少年朋友能够多学一些安全知识和求生之道，既能保护自己，也能解救他人，无论身处何地，都做一个真正的勇士！

李澍晔　刘燕华

2018年1月

目　录

CONTENTS

第六讲　生存大考验——必须掌握的急救与防治本领

第一讲

野外求生

——可以利用的工具、装备和外部条件

暑假到了，按照计划，12岁的虎子第二天一大早要与爸爸去太行山里寻找古长城遗址，他兴奋得一晚上没有睡好。

早上，爸爸把准备好的各种工具和装备放到车上，虎子伸着懒腰，两手空空地跟着爸爸上了车。爸爸扭头，微笑地看着虎子，小声问："虎子，我们去太行山里寻找古长城遗迹，不是做客。应该认真准备物资和必要的工具，你两手空空，万一遇到了危险，能保证自己的生命安全吗？"

虎子伸出两只空手，反复看了看，摇摇头，疑惑地看着爸爸，眨眨眼，不知所措地说："爸爸，太行山里能遇到什么危险呢？开车去、开车回，车上有导航、有GPS定位，还能丢吗？再说不是有您吗？我有什么好准备的。"

爸爸吃惊地看着虎子，没有责怪，摇摇头，耐心地说："虎子，你想一想，万一汽车掉下'盘山路'怎么办？万一我们遇到了毒蛇与猛兽怎么办？万一我们的食物和饮水用完了怎么办？万一我们受伤了怎么办？万一我们迷失了方向怎么办？"

虎子不以为然地说："能怎么办呀，喊人呗！"

爸爸顿时严肃起来，说："喊人！说得轻巧，荒山野岭的，到哪里去喊人，咱们必须靠自己努力，出发前认真准备装备和工具，掌握就地取材的技巧与办法，才能成功地走出危险的荒郊野岭。"

虎子看着爸爸严肃的样子，看看两只空手，似乎明白了什么，着急地问："我知道了。爸爸，我想知道野外遇到危险，求生过程中，可以利用的工具和装备是什么呢？"

爸爸摸了一下虎子的脑门，认真地说："好，听我慢慢讲来，关键问题必须要牢记。"

1 多功能包

去野外活动，应准备一个适合自己的多功能包，这是成功求生的重要保证，不是可有可无的东西，更不能当成累赘。

多功能包的出现最早可以追溯到古代，由于人们需要携带物品，运送货物，而发明的各种运输方式，如瓦罐、箩筐、布袋、草篓子、褡裢，古代的包一般功能单一，谈不上多功能。战争活动让多功能包进入了快速发展时代，士兵行军打仗需要人与作战物资完美结合在一起，不能影响战斗行动，所以设计者研制出了各式各样的多功能包（如图1–1所示）。

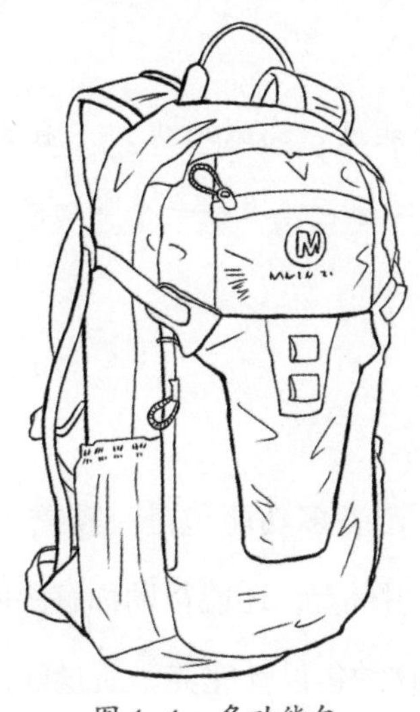

图 1–1　多功能包

多功能包的质地材料一般采用锦纶、涤纶、尼龙、帆布、棉纶、牛津纺、牛仔布、牛皮、羊皮等，户外使用中，比较结实耐用的质地材料是锦纶。

野外实践证明，多功能包可以把野外常用的生存物资最紧凑地装在一起；可以最大限度地解放人的手脚，使身体灵活，行动方便；关键时候，多功能包可以当应急武器，保护人的安全等。那么，野外活动时,怎么准备多功能包呢?

秋天，野外风景如画，12岁的兵兵坐在爸爸的摩托车后座上进入太行山旅行。深山里的道路盘旋崎岖，爸爸的摩托车不小心冲进2米深的山沟，摩托车坏了，父子俩都受了伤。兵兵看着流血的手掌，身上没有创可贴；不一会儿，感到口渴，身上没有水，急得抓耳挠腮。兵兵看着摔坏的摩托车，再看看奇奇怪怪的石头、灌木、各式各样的昆虫，吓得不知所措。

爸爸沉着冷静，安慰兵兵不要怕，快步走到摔坏的摩托车旁边，从后架上取下预先准备的多功能包，找出了急救药品、水、食物、指北针，处理了伤口，用指北针找准了方向，经过一天一夜的徒步行走，遇到一位护林员，终于他们得到了救助。

兵兵看着爸爸的多功能包，高兴地说："看来多功能包真是救命包！以后出门去野外，我也要学爸爸，准备一个多功能包。"

开动脑筋

决定去野外活动时，准备多功能包是一项重要的工作，不要嫌麻烦，应认真细致，关键时候能用得上，还能帮助你解决问题，渡过危险。

1.专业的多功能包。这种包设计完美，质量好，可以到户外求生商店购买。专业的多功能包里一般配备露营装备：帐篷、睡袋、防潮垫、地布；服装衣物：冲锋衣、季节衣物、帽子、袜子；餐饮工具：炉具、餐具、水杯、纸巾、套锅、气罐；照明用具：手电、营地灯、头灯、荧光棒、电池、蜡烛；洗漱用品：毛巾、香皂、洗漱包；小件装备：药品、指北针、火种、哨子、小型对讲机、刀、绳子、防雨布、记事本、驱虫剂、地图、

铅笔、橡皮、胶带、皮尺、标尺、身份证、联系卡片等；食品饮水:饮用水、压缩干粮、维生素。

2.多功能包里的东西装填有技巧。一是睡袋要放在底仓中，最好套个塑料袋或者防水袋；二是帐篷拆开放更容易控制重心，节省空间；三是东西尽量内装，外挂越少越好；四是需要经常拿取的东西，可以放在顶袋里；五是饮料或者食品尽量两边分开放，别扎堆；六是利用好背包外面的顶袋、袋鼠袋、耳包、侧带和压缩带；七是软的东西沿着包的外侧填补空隙，可以使背包形状更美观；八是背包里的东西要按照一定规律放置，避免找的时候手忙脚乱。

野外生存温馨提示

实践证明，多功能包是野外求生成功的重要保证，应预先做好准备，不是让你教条的样样都带，而是根据自己户外活动的需求有选择地携带。

3.自制多功能包。现在市场上很多种包都可以当成多功能包，简单的有双肩包、斜挎包、单挎包、腰带包等。自制多功能包时，可以根据身高、体重、肩宽、背长等尺寸设计制作，按照野外活动的需求，把所需的器材与物资装进包内，按照用途和使用方式，分别固定好。

4.身边的隐形多功能包。野外活动时，紧急情况下逃生，身上可能什么也没有，可以从自己的身上寻找材料，制作一个临时的多功能包。如用衣服把树棍、竹子、石刀、石斧、草药、打火石等东西包裹起来，捆绑成可以背携式的包，以便急用。

应该清楚，隐形的多功能包就在自己身上，如衣裤、围脖、毛巾、手绢、蚊帐、被子、褥子、床单、毛巾被等，紧急时刻，包裹一下，往肩上一背，就是多功能包。

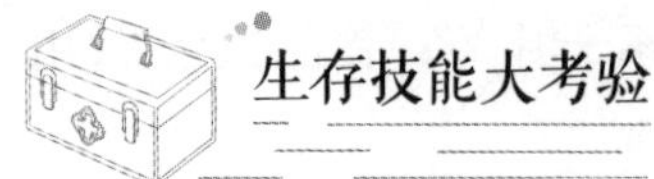
生存技能大考验

10岁的壮壮报了一个户外“夏令营”班，辅导老师电话通知孩子们自己准备物资，最好背一个多功能包。请问，壮壮应该准备哪些呢？

2 多功能刀（斧）

野外活动时，一把随身携带的多功能刀（斧）不仅是自卫武器，还是一件非常好的工具，可以帮助你料理食物、搭建营地、修理装备、砍伐割刺、捕捉狩猎等，简直就是自己的贴身卫士。多功能刀（斧）的优越性只有在你遇到危险的时候，才能显现出来。它不仅能帮助你解决问题，还能让你有安全感，克服恐惧，是你户外求生的“保镖”。

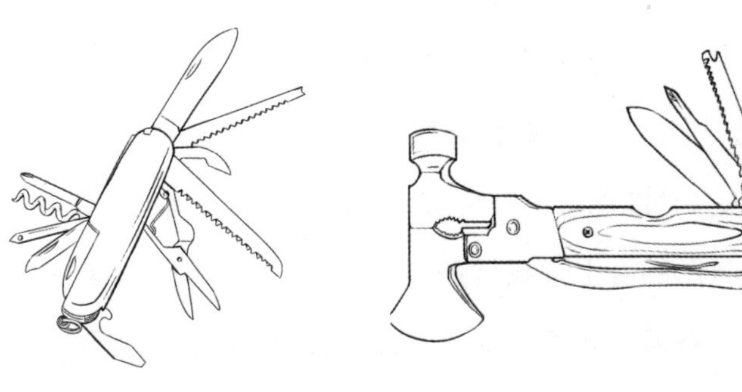

图 1-2　多功能刀　　　　图 1-3　多功能斧

第二次世界大战中，盟军的一个飞行员被迫跳伞，降落时，伞绳挂在一个树叉上，十分危险。眼看着敌人马上就要追了上来，飞行员沉着冷静，掏出多功能刀割断了伞绳，成功解脱，摆脱了敌人。

开动脑筋

计划去野外时，应设法准备一把多功能刀（斧），有四点建议供参考。

1.专业多功能刀（斧）。现在户外活动市场上有多种性能良好的多功能刀（斧），根据自己的爱好，针对外出活动地域的不同，应该认真选择一个性能良好的刀（斧）。具体要求是：便于携带、使用方便、安全可靠。

2.自制刀。如果不购买多功能刀，可以利用现成的水果刀、菜刀、裁纸刀、刻刀等，适当加以修改，就能成为一把多功能的刀。也可以找一块好钢，用磨刀石、砂轮打磨，配一个套，以免误伤自己。

> **野外生存温馨提示**
>
> 野外准备好多功能刀（斧）很有必要，不一定选择最贵的、功能最全的，只要合适、够用、自身又有需求就可以。只有合适的工具，用起来才顺手。

3.自制斧。其实，野外求生中，斧子的用途最多，外出前根据需要，可以制作一把小斧子，关键时刻，能派上大用场。

4.携带安全。无论是刀还是斧，一定要安全携带、加强保管，避免发生自伤事件。最好用结实的牛皮或木头，给露刃刀（斧）制作一个安全套。

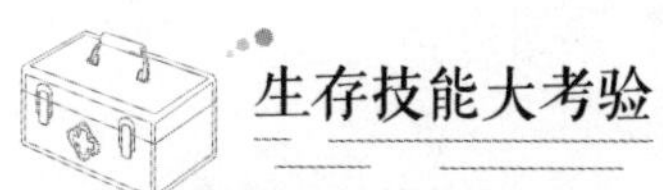

生存技能大考验

秋天，爸爸进山拍照，11岁的洋洋准备与爸爸一起进山，需要野外露营几天，爸爸说让洋洋准备一把多功能刀或斧，洋洋不知道为什么要准备多功能刀或斧。你知道吗？

3 急救包（箱）

急救包（箱）是装有急救药品及消过毒的纱布、绷带等的小包（箱），在人们出现意外情况下应急使用的救援物品，用于第一时间救援治疗。当意外来临时，往往第一时间救治非常关键，甚至关乎生命。每次外出前，应该充分准备，有可能这个小包（箱）放在多功能背包里一直不用，但是一旦出现意外，它将发挥巨大作用。

急救包（箱）的演变历史可以追溯到原始社会，人们把采集的药材携带在身上，受伤时，随时使用。后来逐渐出现了专业的走村串乡的郎中，为了治病救人，便于携带使用，制作了轻便的药箱，里面装有药材和器材。再后来，战争的日益频繁，大量伤员需要抢救，于是出现了用于战场的救护包（箱）。随着人们生活水平的提高，平常人家也出现了现代家庭户外急救包（箱）。

急救包（箱）里通常分为两部分，一部分是药，一部分是医疗器材。

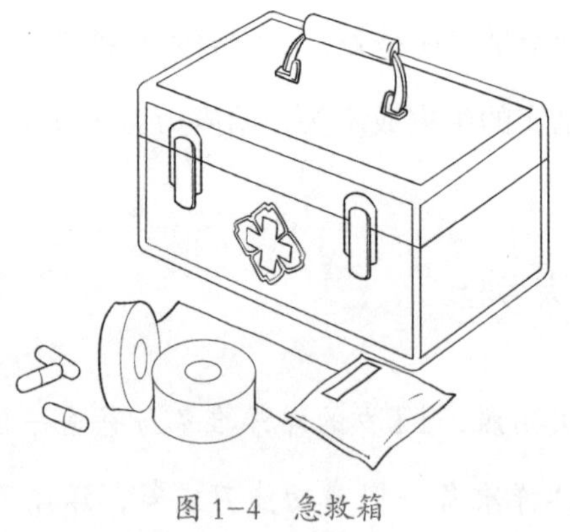

图 1-4　急救箱

夏天到了，13岁的洋洋跟爸爸进山捉蛐蛐。洋洋在山坡上搬石头时，不小心摔倒，胳膊骨折，皮肤被磨破，流血不止，惊吓得大哭大闹。

爸爸沉着冷静，在安慰洋洋的同时，立刻从身后找出急救包，拿出酒精、云南白药、止血带、三角绷带、固定夹板，熟练地处理伤口，固定骨折部位，平稳地送洋洋去当地医院治疗。

医生检查洋洋的伤口与包扎情况后，肯定了洋洋爸爸的做法，表扬洋洋爸爸野外活动有准备，包扎正确，没有发生“二次伤害”。

听医生说伤口处理及时、正确，洋洋向爸爸投去了敬佩的目光。

开动脑筋

远行前，准备急救包（箱）的工作需要认真细致，不是让你带全所有物品，也不可能救治太多的人；不是让你完全治愈病人，而是为了减少伤病者的痛苦，延长伤病者的生命时间直到救援到来。

1.家用户外急救包（箱）。家用户外急救包（箱）里一般配备酒精、碘酒、脱脂棉、创可贴、敷料、速冻冰袋、弹性绷带、止血带、三角巾、固定夹板、人工呼吸面膜、体温计、医用剪子、镊子、消毒手套、手电、口罩、急救毯等。一般情况根据户外活动时间、地域和自身情况选配药品，如消炎药、抗生素、消化药、止痛药、抗过敏药、止血药、晕车药、醒脑药、解毒蛇及蚊虫叮药等。

2.自制急救包（箱）。根据外出的时间、地域、环境、季节，可以选择一个自己喜欢、便于携带、结实、防水的包（箱），按照户外急救包（箱）里的装备内容，根据身体情况，特别要带全自己身患疾病所需要的专用药，自己组合一个急救包（箱）。

> **野外生存温馨提示**
>
> 仔细阅读急救包使用说明书，熟知药品的功能与疗效，会使用急救器材，定期检查急救包内药品的生产日期与质量情况，防止误服过期药物带来更大的麻烦。

3.防雨、防摔功能好。急救包（箱）的材料最好选择防雨、防摔功能好的材料，如PVC材料、皮革材料、防雨布、铝合金板等，可以有效防止药品受潮、碰摔。

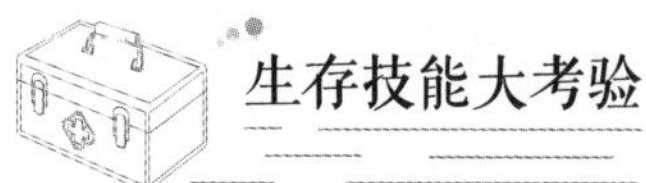

生存技能大考验

10岁的明明患有哮喘病，但是过几天他要和爸爸妈妈一起去泰国旅游，请问他应该准备哪些药品？

4 绳　子

在荒野求生过程中，绳子的作用是显而易见的。绳子是一件很好的逃生工具，可用来制作吊床、竹筏、帮助捕猎，也可以帮助你爬（下）悬崖、渡河、包扎伤口、搭建帐篷、固定物体等，可以说野外求生离不开绳子。如果你身处荒野，预先准备了绳子固然好，如果预先没有准备或丢失了预先准备好的绳子，你也可以快速地制作出一条优良的绳子。

图 1-5　户外专用绳

抗日战争期间，一名八路军战士执行侦察任务时，小腿受伤流血不止，生命垂危时刻，受伤的八路军战士忍着剧痛，解开绑腿布，迅速包扎伤口止血，延长了宝贵的生命时间，直到战友赶到，送他去了后方医院，经过一段时间的治疗，重新回到了战场。

开动脑筋

户外活动遇险时，只有保持冷静，开动脑筋寻找，就一定能找到绳子。野外求生，绳子不仅仅是工具，还是可靠的保护自身安全的武器。

1.购买专业绳。外出前，可以去专业户外探险商店购买专用的户外绳，品种多，根据情况挑选，最好配齐专用的锁扣。因为户外专业绳价格贵，如果不是攀岩或探察洞穴，建议购买最常用的伞绳，价格合理，结实耐用轻便，一般绳长30米即可。另外，还可以买一条专用的军用背包带，用于捆绑固定用。

2.身边的隐形绳子。危急时刻，不要慌，看看自己的身上和携带的物资，是否有可替代的绳子，如腰带、 衣服、手套、鞋带、围脖、毛巾、手绢、蚊帐、被子等。

3.就地取材的“绳子”。野外紧急情况下使用的绳子不一定是传统意义上的绳子。有的青少年朋友户外经验少或者有严重的依赖性，外出不知道准备绳子，遇到危险需要绳子时，只会不知所措，明明“绳子”就在身边，可就是发现不了，白白地失去了求生机会。野外，不能等着现成的绳子来到自己跟前，也不可能有现成的绳子从天而降，而是需要你就地取材。如树枝、树根、藤萝茎、特殊的草、动物皮毛、废弃的电线、铁丝等。

4.自制绳子。自制绳子需要工具。刀具最实用，如果身边没有现成的刀具，也可以寻找石头，自制石刀。另外，编制绳子时，用于固定绳子端头

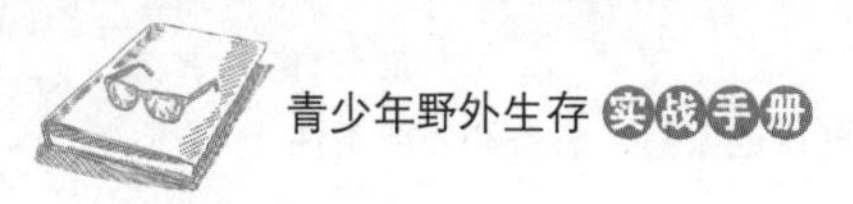

的木棍与剥离植物纤维的石头是不可少的。

自制绳子的材料。野外一些具优质纤维的树皮是尚好的材料，应学会辨别寻找。

（1）柳树。柳树树皮含有高质量的纤维，通常取材于新长成的小柳树树皮。

（2）荨麻。寻找一些生长时间长、茎干长的荨麻，放在水中浸泡一段时间后，然后铺在平滑石板上，用表面光滑的石头捶击。这样做可使外表面撕裂，纤维丰富的内部就会显露，然后小心梳理，除去肉质，悬挂至干燥后即可用于制绳。

（3）竹子。选择较嫩的竹子，劈开茎后，然后铺在平滑石板上，用表面光滑的石头捶击，注意保持湿润。

（4）棕榈科植物。棕榈富含优质纤维，叶子、树干和叶柄都可使用。叶子可以直接使用，叶柄及树干要用平滑石块捶击直到纤维松懈。

（5）树根。许多树木生长于地表或地下的根部，通常柔软且结实，是人们制作绳子的首选。

（6）夹竹桃的茎。夹竹桃茎部富含优质纤维，且易于加工成结实的绳子。

（7）灯芯草、蓑衣草、野蒿子等植物，均可以加工成实用的绳子。

编制绳子的方法。这里重点介绍编三辫绳的方法（女子扎辫子的方法）。取一束纤维，将一端系在一起，固定好，然后均匀分成三股，将左边一股放到中间，再将右边一股放在它上面，将现在的左边这股再绕到中间放好，依此类推，继续缠绕。编绕时，要尽可能使股线间紧密、平滑。如果经验并不丰富，可采用手搓方式来制作绳子。

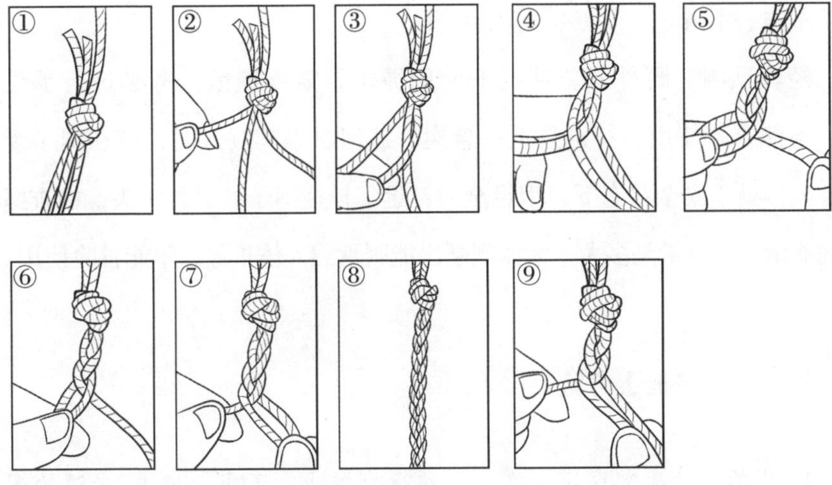

图 1-6　三辫绳编制法

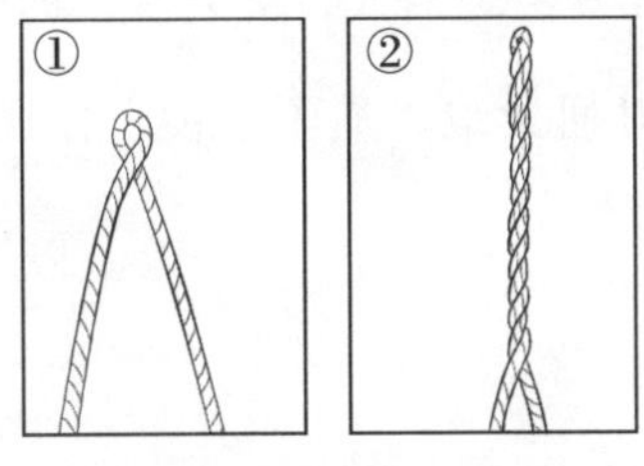

图 1-7　两股绳手搓法

编制绳子时，每股纤维的粗细应相当，并且每股纤维自身也应保持粗细均匀，如果每股粗细不匀，细的部分在受力时就容易被拉断。

自制绳子的检验与注意事项。绳子的末端必须用某种方式固定，以防散开。将开始与末端的绳头缠绕系牢，避免散开。

> **野外生存温馨提示**
>
> 绳子是野外求生的重要工具与武器之一，无论是购买还是自制，使用前都要检查质量，确保使用中安全可靠。

制作绳子之前需要对纤维进行测试。测试方法：打一反手结，将两根长纤维系在一起。向两边用力拉动时，力量要合适，如纤维突然折断，说明纤维太脆易断；如果两根纤维分开，说明纤维本身过滑。质量好的纤维会绞合在一

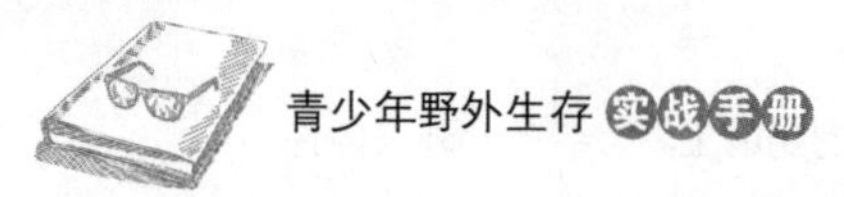

起，不脆、不滑。

经验预测。野外紧急情况下使用绳子，需要谨慎，务必进行承受预测，不能冒险使用。特别是上下悬崖、渡河、攀爬洞穴时，应在绳子受力前，人体处于安全状态下，用足全力，迅猛抓拽绳子的另外一头，检查绳子瞬间能承受的重量是多大，大体判断出能否承载人体重量，不能冒险使用。

11岁的兰兰去郊区玩，在山上追逐蝴蝶时，不小心掉进2米深的洞穴里，无法独自爬出，你恰好经过洞穴，听到兰兰的呼叫声，只需一根1米长的绳子就能救出兰兰。时间紧迫，刻不容缓，你能找到绳子，帮助兰兰安全脱险吗？

5 身上的防御武器

野外活动时，只要仔细看看身体，会发现身上的确有很多武器，有时可以与生命安全联系在一起，关键时候用上就会转危为安，克敌制胜。有些人没有野外生存经验，遇到危险时，惊慌失措，束手无策，武器就在身上，却四处寻找，舍近求远，拖延了自我防卫的时间，酿成严重后果。

某年夏天，一个戴眼镜的初中学生，带着镰刀钻入丛林采药。在一片灌木丛附近休息时，不小心惊动了一条3米长的蟒蛇，凶猛的蟒蛇用力缠绕着学生。学生惊慌失措，数次挣扎没有结果。危急时刻，一位上山砍柴的

农民发了他，高声呼喊用镰刀砍。学生听到后，鼓足勇气，挥舞镰刀砍向蟒蛇，受伤的蟒蛇吓跑了，中学生终于脱离了危险。

开动脑筋

1.眼镜、手表、水果刀、皮带都是武器。野外，眼镜与手表不仅是很好的防御武器，而且还是很好的生活工具。以镜片与手表的金属链当刀，可以加工食品，割断绳子与藤条；如果认真消毒后，当手术刀使用也可以。以锋利的金属镜架当匕首，可以对付动物的突然攻击。以镜片当聚光镜，可生产火种。利用大自然的太阳光热能，用镜片聚起来，温度达到一定的度数后，就会引燃容易燃烧的物品，供人烧饭、烤肉、烧水和消毒之用。如果随身携带着水果刀，是最好不过了。可以一刀多用，随时拿在手上，灵活使用，以保护自己的生命安全。皮带扣子挥舞起来，形成的冲击力，完全可以当武器。

野外一旦遇到危险，在发愁没有应对的武器时，可以从自己身上找一找。眼镜、手表、腰带等，都是非常好的防御与进攻武器。

2.连体鞋裤。

抗日战争中，新四军的一名侦察员被几名日军发现。日军紧追不舍，非常熟悉地形的侦察员一边还击，一边想着脱身的对策。忽然，侦察员看到了山谷一侧有一片野生丛林，想起了里面有很多毒蜘蛛、马蜂与蝎子。打着绑腿的侦察员，把袖口扎紧，从容地钻进了丛林地带。贪功心切的几名鬼子兵，也随后钻进入丛林。由于鬼子兵没有绑腿，袖口也敞开着，被惊动的马蜂、毒蜘蛛、蝎子、蚊子及其他毒虫，轻易地钻进了鬼子兵的裤子里，不久鬼子兵毒性发作，痛苦万分，仓皇逃回去了。

在野外复杂的地域活动，特别是在杂草丛生的环境里活动，可能会遭

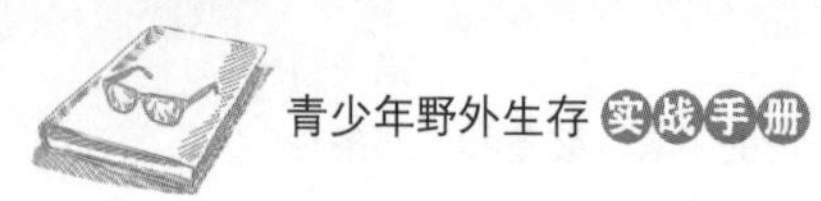

到毒虫的袭击。因此，要注意打绑腿，扎紧袖口与衣服领子。如果有条件的话，可以自己制作简易的连体衣，不留有任何空隙，让毒虫没有机会侵入到你的身体。

野外生存温馨提示

野外情况复杂，危险随时发生，有时根本来不及寻找自卫武器，也没有现成的武器，要机智灵活，巧妙地从自己的身上找武器。

如果发现连体衣刮破了，应及时缝补，确保没有空隙出现。为了以防万一，在连体衣裤外面还可以涂抹一些毒虫害怕的药物或液体。如清凉油、花露水、薄荷汁、野篙子汁、烟叶汁与烟油、核桃叶子、氨水、碘酒、雄黄等。

千万牢记：在野外多一分保护，就多一分安全，多一分细致，就多一点自信。千万不要嫌麻烦，这是对生命的负责。

6 木头与石头也能当防身武器

野外活动时，及早找好合手的石头与木头，对于保护自己的安全来说很重要。你千万不要认为石头、树棍子到处有，不预先准备，关键时候就会耽误大事。事实证明，野外遇到紧急情况时，临时找石头与木头，真来不急。其实，非常紧急的情况到来后，反应时间几乎就在几秒钟，根本不可能允许你找石头与木棍，应引起重视，不能掉以轻心。

夏天，12岁的张阳到南方旅游。他在鹅卵石上跑步，跑着跑着，突然一条凶猛的蛇吐着舌头朝他扑来，吓得他目瞪口呆，全身哆嗦。蛇的头部冲向他的腿，狠咬了一口。他又疼又害怕，没命地往回跑，昏倒在草地

上，幸亏妈妈及时赶来，把他送进医院，才保住了性命。假如他手中拿着一根棍子或鹅卵石，抬手就可以防御，结果会完全不一样。

开动脑筋

1.用脚下的石头打击蛇，至少能将蛇吓退。其实，稍微有些野外生存经验的人，都有同样的认识，及早准备好木棍与石头，能有效提高安全系数，也是最廉价的方法。

2.选择木棍。棍子可以选取结实耐用的树枝做基本材料，稍微硬一些的木棍最好。直径一般在5~6厘米，长度控制在1.8米以内。通常情况下，粗细、长短应该根据自己的手的大小而定，使用方便顺手即可。

3.选择石头。石头的选择虽然简单，但要以锋利、结实为宜。大小一般与苹果、桃子类似，手握得有力，便于抛出，有一定的杀伤力。

> **野外生存温馨提示**
>
> 野外遇到危险，特别是遇到突然攻击，如果你不在第一时间做出回击，就会被动挨打，甚至是发生追悔莫及的严重后果。

7 弹弓不可少

古人狩猎时，为了不惊动数丈开外的小猎物，发明了弹弓，可以近距离无声无息地射杀飞禽和兔子之类的小动物。由于便于携带，近距离杀生力不弱，弹弓在民间广为流传。

弹弓一般用树木的枝杈制作，呈“Y”字形，上两头系上皮筋，皮筋中段系上包裹弹丸的皮块。子弹的品种多，有石头弹、泥土弹、钢珠弹、玻璃弹、塑料弹、铅弹等。

弹弓的使用方法简单，拉开牛皮筋，产生一定的拉力后，采取“三点一线”瞄准法，以嘴角、“Y”中心点至远方的目标，发射即可。

弹弓不仅是古代人发明的狩猎工具，也是一种进攻武器。野外活动时，危险性、不确定性因素增加，别小瞧弹弓，随身携带，准备好弹珠，不仅能给自己壮胆，关键时候还能起大作用。

虎子和爸爸妈妈进山玩，自己淘气，追赶蝴蝶，掉进洞穴里，拼命呼喊也没有叫来爸爸妈妈。爸爸妈妈几次路过隐蔽的洞穴上面，都没有听到他的声音。忽然，妈妈发现从一个草地里射出一个弹珠，知道是虎子的弹弓射出来的，立刻跑过去，救出了虎子。原来，虎子喊了半天没有动静，喊不出来了，随手拿出弹弓，向洞口外射弹珠，发出了求救信号，引来了爸爸妈妈。

开动脑筋

1.现成的弹弓。现在市场上有很多弹弓，根据自己的力气、身高，买一个即可。平时不可以乱玩、乱用，注意保管。

2.自制弹弓。如果不购买弹弓，可以找材料自己做。步骤分三步，一是选取材料，主要是铁丝、树叉、牛皮筋、牛皮或人造革；二是将两条长约15厘米的牛皮筋前段分别固定在铁丝或树杈制成的架子上，后端分别绑在皮兜上；三是校对检验，调整皮兜居中度、射程、皮筋的松紧与拉力情况，直到合适为止。

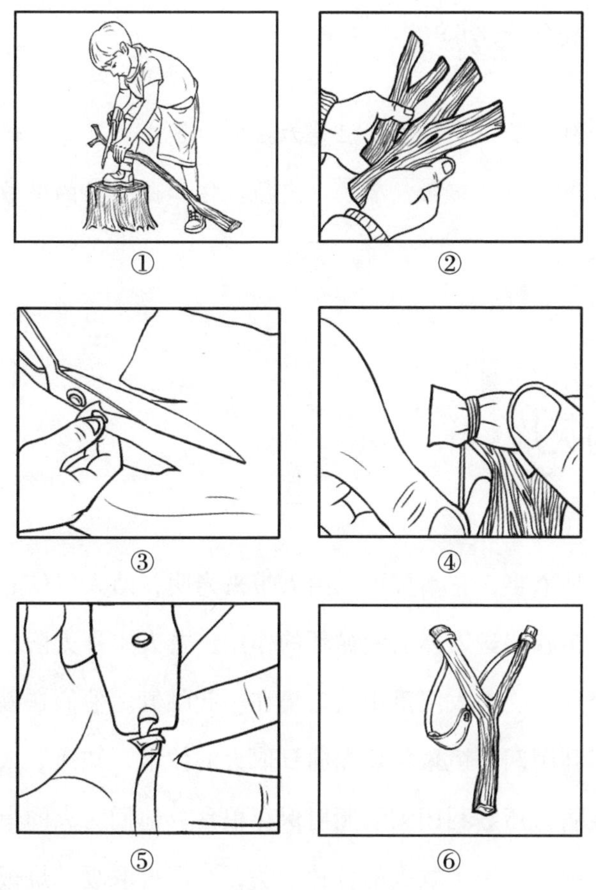

图 1-8　自制弹弓步骤

3.自制弹。适当的黄土拌水制成泥浆，搓成直径为1厘米的圆球，晒干后，泥弹就制成了。如果遇到特殊的地形，可以找一些直径大约1厘米的鹅卵石，收集起来即可。

4.保管好，不能随意使用。个别少年朋友“手痒痒”，野外活动时，有事没事都用弹弓乱打、乱射，容易发生意外。

野外生存温馨提示

野外准备一把性能好的弹弓，遇到情况，随时可以当防御武器。

生存技能大考验

小涛自己制作了一个弹弓，但是无法射出子弹。爸爸拿起弹弓一看便明白了，原来小涛用棉布条代替了牛皮筋。你知道小涛的弹弓无法射出子弹的原因吗？

8 太阳与火焰

太阳确实是个宝，它不仅可以给人带来光明，给人以信心与力量，它还具有消毒杀菌和促进人体血液循环的作用。古人崇拜太阳，早晨朝太阳升起的方向膜拜，晚上太阳落山前聚集在一起跳舞。他们在漫长的劳动生产中，掌握了利用凹面镜聚集焦点向日取火的技术，知道了太阳光中的紫外线能治疗疾病，巧妙利用太阳照射保存粮食。他们对火的崇拜也是到了极点，视火为神，掌握了取火的各种方法，利用火取暖、烧饭、生产与制造，极大地推动了人类社会的发展。

野外求生中，如果遇到火，你就有福气了。火焰不可小视，火焰的作用很大、很独特，它不仅可以取暖、驱除内心的恐惧感，还能消毒。实践证明，野外火焰消毒是其独特优势。

三国时期的诸葛亮是位天才军事指挥家，他不仅精通军事、气象、建筑、机械设计，还懂得医术。一次，他带领蜀军在川南一带作战，由于长期阴天，士兵又在霉烂潮湿的沼泽里活动，患上了一种奇怪的皮肤病。当地人说是“中邪气”了，肿胀处痛痒难以忍受，严重影响了战斗力。当时

在野外没有什么特效药物，诸葛亮查看了一下天气，命令士兵第二天上午脱光上衣，全部站在帐篷外面。第二天，士兵们起床后发现天气晴朗，太阳高照，高兴得欢天喜地，都裸着上身站在外面晒太阳。6小时后，他们的皮肤病奇迹般地好了。诸葛亮是怎么治疗士兵皮肤病的呢？其实他是利用了天然的杀毒剂——太阳光里的紫外线。

三国时期的张飞，勇猛无比。一次他身上中了两箭，伤势很重。当时情况紧急，没有药品，伤口感染，化脓流血。他听随队的郎中说用火把烧伤口可以解决问题，于是命令军卒找来火把，对准伤口烧。士兵们闻到了肉的焦糊味，吓得不敢看一眼。张飞大口喝酒，面无惧色。说来也奇怪，烧了以后，他的伤口很快就愈合了。士兵们无不称奇。

开动脑筋

1.合理使用太阳光消毒。太阳光里有一种能杀灭细菌的光线，叫紫外线，人的肉眼看不到它。紫外线的穿透能力弱，只适合于表面消毒。衣服、被褥、草垫子、床、餐具、用具、身体表面、化脓感染的伤口在阳光下晒几小时，就能达到杀菌消毒的目的。但是应该注意一点，人在强烈的阳光下晒，要及时补充水分，防止中暑。另外，大件物品应该在阳光下晒6小时以上，以达到彻底消毒的目的。

2.合理使用火焰消毒。火焰消毒是直接用火焰的热力杀灭细菌，热力越大，温度越高，效果越好。此方法安全、可靠、简

野外生存温馨提示

野外掌握简易消毒法十分重要，不要把消毒当作儿戏，认为是可有可无的事情。在外消毒，要充分利用太阳，让太阳成为我们的“保健医”，防御细菌入侵。用火消毒时，要防止火焰蔓延，控制好火源，以防止引起山林大火。野外求生时，认真、科学的消毒，对于你的身体健康，保持充沛的体力，是非常重要的。

单，不受条件限制，是最原始、最古老的方法了。在野外活动时，天上的太阳不会经常有，如果又没有供烧开水的容器怎么消毒呢？最好的办法就是火烧、火烤。具体方法是：将不怕燃烧的物品，直接放在火焰上烧。火焰的温度高，杀菌效果好。最好把物品放在火焰的上方，因为最上方的火焰温度最高。此办法安全可靠，所需要的时间短，一般烧灼几秒钟到1分钟的时间，就能很彻底地消毒灭菌。

如果物品的体积大或者是食品的话，可以采用老百姓常常使用的干烤消毒法。选取三块大石头，堆一个三角形的简易柴灶，在简易石头柴灶的上方，搭起一个木桩架子。寻找较粗的枯木数根，点燃后，逐渐把明火吹灭，以炭火自燃。而后将需要消毒的物品放在炭火上方烤30分钟以上，以达到消毒杀菌的目的。对于不能移动的物体，可以制作火把，移动火把到物体上进行消毒。

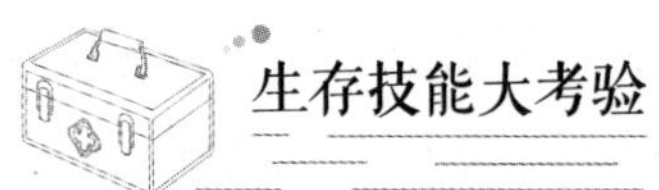

生存技能大考验

欢欢每次外出旅游时，妈妈都让她带上太阳伞及防晒衣。欢欢感到很疑惑，书上说太阳光益处多多，那到底还要不要穿防晒衣呢？

9 石　灰

野外活动中，天然的石灰很多，其中最大的优势是能起到消毒、粉刷、黏合及治疗疾病的作用。野外如果没有发现天然的生石灰，只要有火、充足的柴，完全可以自己烧制，要充分发挥主观能动性。古人烧制石

灰的方法很简单，一般是将石灰岩与木材分层铺放，引火煅烧7天左右。

明朝开国皇帝朱元璋是一位精通医术的人，一次他带领兵马作战。有的士兵突然闹肚子，随队郎中治好一人，接着又有士兵出现闹肚子，接连好多士兵闹起了肚子，大有蔓延的趋势。朱元璋下令把所有士兵使用的餐具、酒具统统放在大锅里，浸泡在开水里煮一个时辰，坚持几天后，“闹肚子病”就不在蔓延了。

抗金名将岳飞，一次带领人马与金兵大战，他的人马驻扎在今天的河北南部。帐篷扎设的地方是一片低洼的乱草地，士兵们、战马在晚上休息时感到皮肤发红、瘙痒，很难受。岳飞听当地的老乡讲，当地人在睡觉的地面撒许多生石灰粉，就把问题解决了。于是，他立刻命令士兵把石灰粉撒在草垫子下面，帐篷周围，马圈旁边，很快就把问题解决了。

开动脑筋

1.野外活动时，如果发现了天然生石灰，可以用来消毒。具体方法是：用生石灰粉将所需要的消毒之物擦、洗，尤其是对地面的消毒效果更明显。可以在床下面、房屋周围进行铺撒。

2.可以在生石灰里加足够多的水，30分钟后，石灰渣子沉淀，把清洁的石灰水储备起来，用作消毒剂喷洒。也可以浸泡物品、用具等，但是绝对不能饮用。

3.有经验的农民知道，石灰还是干燥剂，它能起到很好的消毒、干燥与抑制细菌繁殖的作用。可以在预先选定的睡

野外生存温馨提示

生石灰水的杀菌作用比较广泛，性质稳定，不受环境与温度限制，能使许多病原菌的繁殖受到抑制。它有一定的腐蚀作用，取之简单，用时方便。

觉地点，放上石灰粉，盖上草垫子，在食物周围、衣物上、坐与卧的休息地点撒上石灰，可以防止虫害的侵袭，防止潮湿、寒气入体，抑制病菌的繁殖。

4.注意保护皮肤，防止被石灰或石灰水腐蚀、烧伤。

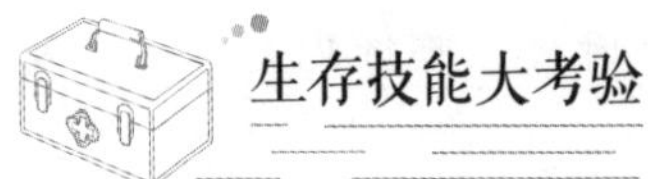

生存技能大考验

途途和其他同学一起参加夏令营活动，晚上睡觉时，途途的账篷周围比较潮湿。怎么办呢？你能帮帮途途吗？

10 简易救生圈

野外活动时，会遇到水的拦阻，如河、江、海、水库等，在没有桥与船的情况下，制作简易救生圈十分重要。简易救生圈是古人发明的，当时为了生存，需要在水中寻找食物或通过各种水域，由于当时没有造船技术，只能因地制宜，就地取材，使用葫芦、竹筒、木头、椰子、动物皮囊制成运载工具，这些也为后期制造出竹排、木船、机械船奠定了基础。平时要多学习，掌握几种制作简易救生圈方法，关键时候能保命。

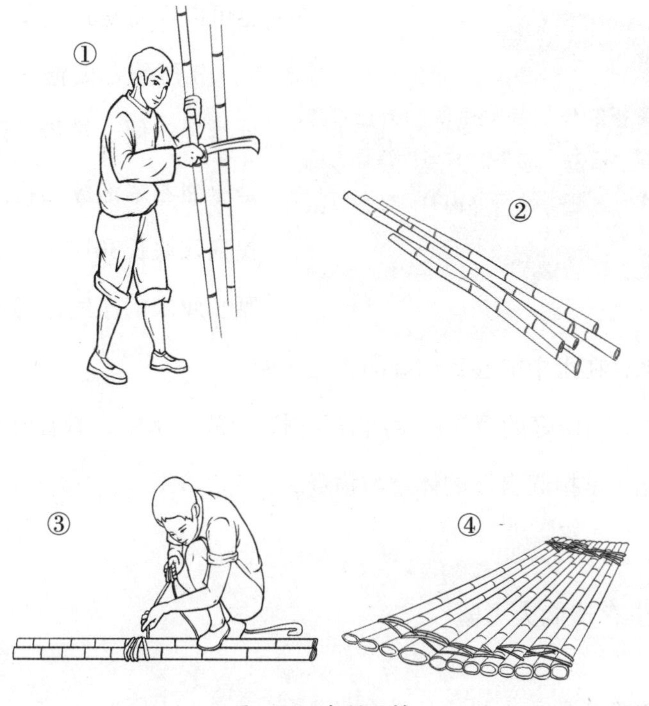

图 1-9　自制竹排

一位摄影爱好者去野外拍照，遇到了大雨，桥垮了，河水拦阻了去路，处境十分危险。由于时间紧张，没有时间等待了，他站在河边，四处观察，发现了几块压缩乙烯泡沫板，立刻用绳子连接起来，制造了一个简易求生圈，成功渡过了河，安全脱险。

开动脑筋

1.矿泉水瓶子。野外要把矿泉水瓶子保管好，如果发现垃圾里有矿泉水瓶子，要随时收集起来。一般情况下，制作一个简易救生圈，需要30个以上的500毫升的矿泉水瓶子。

2.葫芦与椰子。野外发现野葫芦、椰子，不要随意丢弃，应收集起来，平时可以装水、装食物，关键时候，把20多个大葫芦、大椰子连接起来，也可以当简易救生圈使用。

> **野外生存温馨提示**
>
> 野外掌握制作简易救生圈的方法很重要，需要观察能力、动手能力与计算浮力的能力。制作时，需要把漂浮物的口密封好，防止进水。

3.压缩乙烯泡沫。浮力好、分量轻、便于携带、防水功能好是压缩乙烯泡沫的特点，如果能找到几块长30厘米、宽20厘米、厚20厘米的压缩乙烯泡沫，用绳子连接起来，在水中能起到超好的救生功能。

4.测试。制作好的简易救生圈需要测试，放入水中，看看有无进水，浮力大小，能否承担起自己的体重与物资。

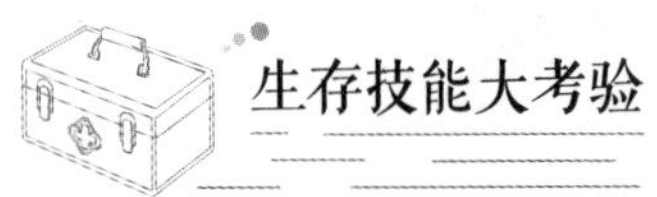

生存技能大考验

野外制作简易救生圈的材料有哪些?

11 钻木取火

野外活动中，如果没有携带火种，也没有现成的火，怎么办？可以尝试古人发明的钻木取火。传说古人看到了鸟的喙钻扎树木发出火花，受到了启示，知道了木头与木头摩擦可以发出火花，逐渐掌握了取火的方法。

春天到了，王师傅进山采摘野菜，由于贪心，走进了深山峡谷中，迷失了方向。夜间，他想生火，向外发送信号，可打火机没有气了，火柴也没有带。正在焦急之时，忽然他想到了古人钻木取火的故事，于是找来干

燥的杨木，制作了杨木钻杆，反复摩擦，终于点燃了松叶和树皮，不仅成功取暖，还发送了求救信号，得到了护林员的救助。

开动脑筋

1.选取木材。钻木取火前，应该选取适合起火燃烧、轻便、柔软的木材作为“火种”原木，如杨木、化树、松树等，在原木的正面刻一个倒V字，尺寸、深度以保证钻杆顺利钻入为宜。

2.“钻木”杆。因为钻木需要反复摩擦，所以要选择好“钻木”杆，粗细以手感力度适宜为好。“钻木”杆前端要削尖，一是利于摩擦；二是便于集中生热，发出火花。

3.引火材料。应选取木炭、化树皮、干树叶、干草、卫生纸等易于燃烧的材料。钻木取火时，把这些引火材料放在“火种”原木下端，在火星子发出后，引燃材料，火势才会逐渐增大。

图 1-10　钻木取火

野外生存温馨提示

钻木取火是野外必须要学会的求生技能，要多实践、多体会、多学习、多总结，直到真正掌握。

4.钻法。一是以一定的倾斜角度直接摩擦，反复数百次，直到火花出现；二是使钻杆垂直，双手反复捻动数百次，直到火花出现；三是借助绳子、横杆，两人配合完成，制作一个简易助力装置，一人按住直杆顶端，起到固定轴作用，另外一人反复拉动助力器，直到火花发出。

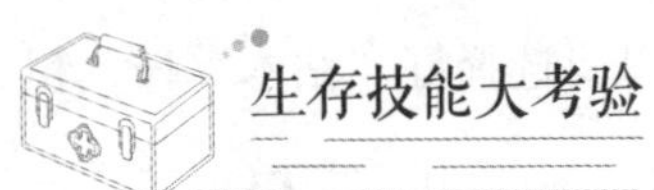

生存技能大考验

古人因为看见了什么才知道了钻木能取火呢？

12 小物件

野外求生活动是一个复杂的过程，需要保持全面的戒备，需要各种物资的准备与保障，不要小看不起眼的“小物件”，其实很多大的灾难与危险，与一次小小的失误或因为缺少一个小小的物件，有直接的关系，因此，在条件允许的情况下，可以多准备、多携带点小物件。古时候物质极为匮乏，古人为了自身安全，或因为生产劳动方便，或为表达美感、身份与地位，身上一般都有几个小物件，如动物骨头做的针、动物的筋、竹子做的哨子、竹签子等。

秋天，12岁的姗姗与爸爸妈妈外出采摘。山里风大，姗姗在山上玩得特

别高兴。她弯腰抓蚂蚱时，一不小心，眼镜掉了，摔坏了一条腿，影响了观察，十分懊恼。爸爸赶过来，没有自己动手帮助姗姗修理眼镜，而是安慰姗姗别着急，提示姗姗自己找找身上携带的小物件，看看能不能帮忙修好。

爸爸的话提醒了姗姗，姗姗急忙从身上找，发现了一个头发“卡子”可以串起眼镜腿与镜框的连接处。虽然修好的眼镜看着不雅，但是姗姗很有成就感。

开动脑筋

现在很多小物件设计得很精美、轻便，便于携带，野外活动前，可以准备好，只要空间允许，就最大限度地带上，以备急需。

1.别针。这是野外最能用到的小物件，出门前，利用各种空间，储备一定数量的别针。在不影响安全的前提下，衣服上也可以多别几个。

2.曲别针。野外需要连接东西、密封东西，需要制作一些特殊的夹子、卡子、机关发射器插销等，曲别针可以担当大用。

3.发卡。发卡用处非常大，危急时刻可以当武器、当连接线，也可以当工具。

4.小夹子。这是野外经常用到的物件，夹固纸张、夹固树叶、夹固树皮、夹固伤口、夹固衣服、夹固发送信号媒介等。

5.猴皮筋。这是很有用处的小物件，固定东西，止血、处理伤口，制作工具，制作武器等都能用到它。

6.钥匙。随身携带的钥匙关键时候能当武器、开起器物的工具、发出声音的铃铛等。

7.口香糖。口香糖不仅是小

> **野外生存温馨提示**
>
> 野外小物件的作用其实并不小，关键时候能起到力拔千斤的作用，应该认真准备，充分利用有限的背包空间，尽可能多带一些。

零食，也是黏合剂，更是一种工具，野外可以用来粘东西、粘昆虫，甚至小动物。

生存技能大考验

玛丽要和同学们一起去野外参加野炊活动。想一想，野炊活动中，玛丽还有什么需要准备的小物件吗？

第二讲

——练就寻找方向的本领

秋天到了，兰兰与爸爸妈妈进山采摘。山里景色迷人，兰兰看着车窗外面，举着手机不停地拍照。

汽车进入弯弯曲曲的山路了，数不清拐了几道弯，爸爸盯着方向盘，不敢大意，微笑着问："兰兰，当你一个人两手空空地走在盘山道上，迷失了方向，你想到的是什么呢？"

兰兰看着车窗外的美景，随口说："走呀！回家呗。"

爸爸轻松一笑，认真地说："你想到走回家是对的，可是家在哪个方向呢？究竟往什么方向走才能找到家呢？这个问题你想过吗？东、南、西、北你会判断吗？"

听了爸爸的话，兰兰眨眼思考了一下，轻松地说："没有。这还用想吗？东、南、西、北重要吗？到时候再说呗。"

爸爸扭头看了兰兰一眼，加粗语气说："到时候再说，到时候一切都晚了。兰兰，你仔细想一想，当你一个人从失事的飞机中生还了，并被迫在广阔的沙漠、戈壁滩、丛林地、雪海、沼泽、高山、海、江、湖、河中求生的时候，是不是离不开一个'走'字呢？朝什么方向走，是个大学问，需要理性思考，不能冒失。有时候，家或者安全的地方在东面，你却往西走，最终不是越走越远吗？"

兰兰似乎明白了爸爸的话，着急地问："爸爸，你给我讲一讲野外怎么判断方向、怎么走吧。"

爸爸轻松一笑，开心地说："好，给你好好讲讲。"

1 立刻观察太阳

太阳是生命的源泉，没有太阳就没有一切。太阳其实是一颗“方向标”，不同的时间，不同的季节，能告诉人们方向。古时候的人们通过观察太阳，发现了太阳与方向的关系。

20世纪60年代，一位地质工作者进山考察，遇到泥石流，装备物资全部丢失了，面对凶险的群山，如何迈好第一步，成功地走出去呢？地质工作者十分镇静，凭着平时学到的求生知识，机智地利用太阳的升起与降落点，准确地判断出东、南、西、北。经过2天长途跋涉，地质工作者终于成功逃生。如果地质工作者没有掌握野外求生知识，东走一天，西走一天，胡乱瞎走的话，就会耗费掉大量的体力，使自己陷入被动与无奈。

开动脑筋

1.仰头看天空。荒郊野外迷失方向时，千万别着急,只要不是阴天，立刻寻找天空的太阳，这一点非常重要，发现了太阳，就能粗略地找到方向了。

2.早晨太阳方向。一般情况下，早晨的太阳从东方出来。春分这天，太阳是从正东升起。

3.中午太阳方向。中午太阳一般在南方，左右稍微有点偏差。

4.晚上太阳方向。傍晚，太阳一般从西方落下山。秋分这

野外生存温馨提示

野外一旦迷失了方向，不要自乱阵脚，抬头看天空寻找太阳，只要发现了太阳，方向的问题就基本解决了。

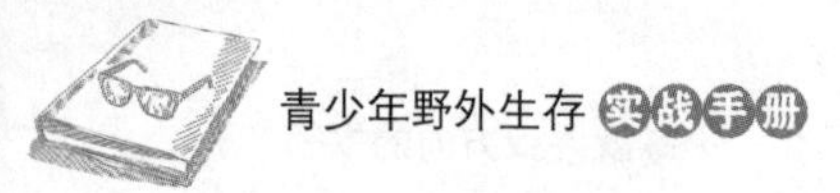

天，太阳是从正西方落下。

5.画草图。野外行走时，根据自己所处的地域、时间、位置，对照太阳方向，简单地画草图，以便随时掌握方向的变化情况。

生存技能大考验

秋分这天，太阳从什么方向落山？

2 机械手表能帮忙

野外活动时，机械手表不仅可以计时，还是一个不错的指北针，借助太阳，能大概确定方向，把你指引到安全地点。

去年秋天，刚刚毕业的研究生小马，与女友约好到戈壁滩寻找“野长城”。为了拍摄未知的“野长城”，他们深入荒凉的大漠深处数十公里。不巧遇到了沙尘暴，强劲的风沙，吹得天空昏暗如夜，不一会儿，参照物不见了。

风沙过后，他的女友面对空旷无人的沙漠，不知该怎么走，进退两难。

小马摇晃双手，抬起手腕，露出机械手表，指着天空中的太阳，微笑着安慰女友，信心十足地说：“不要怕，我们有‘指北针’，太阳会保佑我们的。”说完，小马把机械手表摘下，平放在手上，根据太阳光线的角度，很快找到了北方。接着他们按照手表指示的方向，经过一天的徒步行走，成功地发现了人家，补充了食品与水，脱离了险境。

开动脑筋

1.自带指北针。 出门买机械手表时，最好自带指北针，随时可以使用，指明方向。

2.具备两个条件。 使用机械手表找方向时，必须具备两个条件：一是有机械手表；二是必须有太阳。

3.使用方法。 确定方向时，将手表拿下来，平放在手掌上，把手表当下时间折半后的时间，对准太阳，表盘刻度12指的就是北方。例如，手表当下的时间是12点，时间折半为6点，把表盘上的刻度6指向太阳，刻度盘上的12指的就是北方。

4.精确寻找。 为了使确定的方向更精确，可以找来一根细直的针、小草根或树枝，竖立在时数折半的点上，慢慢转动时表，使针影通过表盘中心。这时，表盘中心与刻度12字的延长方向即为北方。

野外活动前，选择机械手表时，应精心挑选，最好具备“三防”功能。

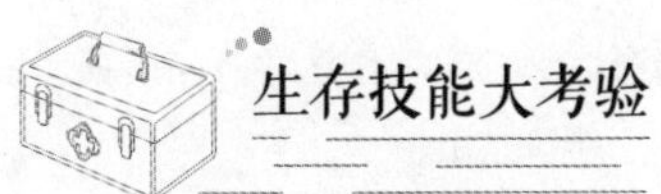

生存技能大考验

一位地质工作者在野外迷失了方向，虽然他带了指北针，但是当天是阴天。那么，处在这种情况下，他该如何判断方向呢？

3 仰望月亮

月亮是善良、纯净、无暇的化身，有关月亮、嫦娥、月兔的传说家喻户晓，人人皆知。月亮是地球的卫星，一时一刻也离不开地球运转，其运转轨道与地球的方向有直接的关系， 这是判断东、南、西、北的关键。那么，在荒郊野外的夜晚，如果迷失了方向，你该如何利用月亮来辨别方向呢？

1940年秋天，为了躲避战乱，赵老师一家人从家乡出逃，前往大后方贵州。白天不敢出来走，藏在树林里，躲避日伪军的追杀；夜间借助月亮光走，十分艰难。当时，赵老师一家人没有指北针，更没有地图，仅仅知道贵州在家乡的北部。于是，他们望着天上月亮，通过月亮形状，计算出大体方向，半个月后，终于安全到达了贵州，开始了新生活。

开动脑筋

夜间可以利用月亮判定方向，是因为月亮的起落和“圆缺”的月相变化是有规律的。利用月亮测定方位，具体如下：

> **野外生存温馨提示**
>
> 夜间的月亮是一种隐含的“指南针”，是你最亲密的朋友，会悄悄地告诉你方向所在，让你大步前行，直到成功。

1.上弦月时。晚6点左右，月亮指示的大体方向是南方；晚12点左右，月亮指示的大体方向是西方。

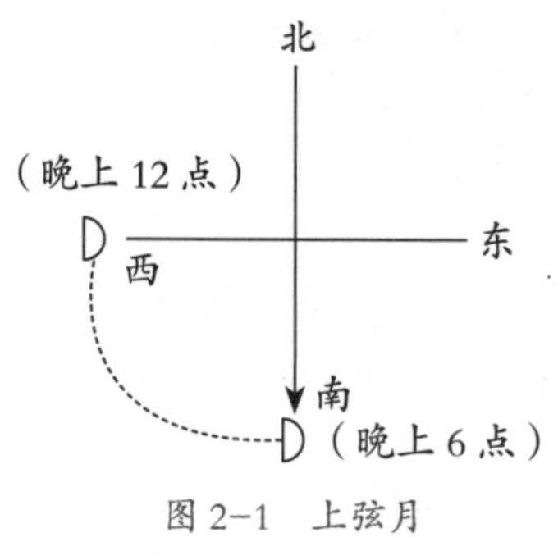

图 2-1　上弦月

2.满月时。晚6点，月亮大体方向在东方；晚12点，月亮大体方向在南方。

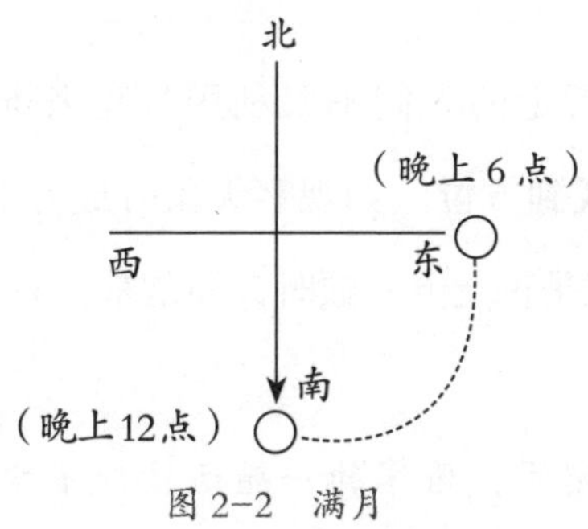

图2–2 满月

3.下弦月时。晚12点，月亮指示的大体方向是东方；次日早上6点，月亮指示的大体方向是南方。

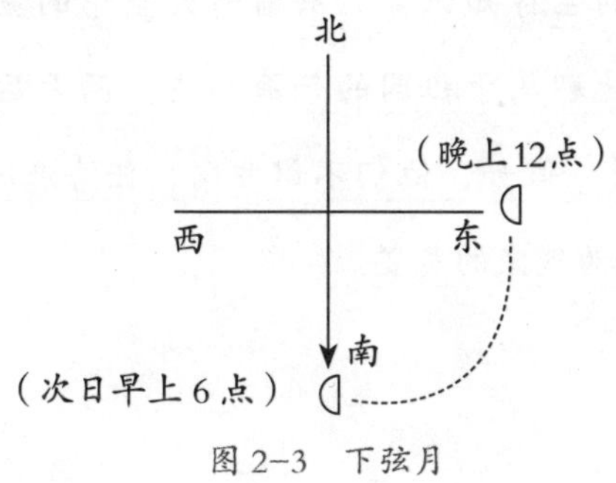

图2–3 下弦月

生存技能大考验

农历六月十六日夜里12点左右，士兵仔仔在森林里执行任务的时候迷了路，他在月光下找到参谋长留给他的信息——天亮前在森林南部的站点集合。那么，仔仔该如何辨别方向走出森林？

4 与星星对话

在古时候，夜间行走的人们不仅利用月亮来辨别方向，有时也会通过观察星星及星座来找到方位。如观察天象时最为常见的就是观察北极星了。北极星的正下方就是正北方，顺时针即是东、南、西方。

第二次世界大战期间，盟军的一艘运输舰不幸在海上触雷沉没。幸存下来的几名船员乘坐救生皮筏，在汹涌的波涛中挣扎着。是被海浪冲着走呢，还是判断好方向，奋勇划水，向希望地点前进呢？船员们选择了后者，他们利用掌握的生存知识，抬头看着天空中的星星，选择“北斗七星”的方向，奋力地朝属于祖国的领海划去。两天后他们终于看到了港口，盼来了营救人员。假如，他们不识方向，任海浪冲着走，他们可能会漂到深海，甚至会成为鲨鱼的美餐。

开动脑筋

1.寻找北极星。如果夜间在荒野之中迷失了方向，不要紧张，可以利用北极星来判断方向。北极星是正北天空上的一颗恒星，夜间找到了北极星，也就等于找到了北方。那么如何寻找北极星呢？北斗七星的勺子边上两颗星的延长线约五倍距离的那颗星就是北极星，属于小熊星座。

野外生存温馨提示

一般情况下，北半球的人根据北极星来辨别方向，南半球的人根据南十字星来确定方向。

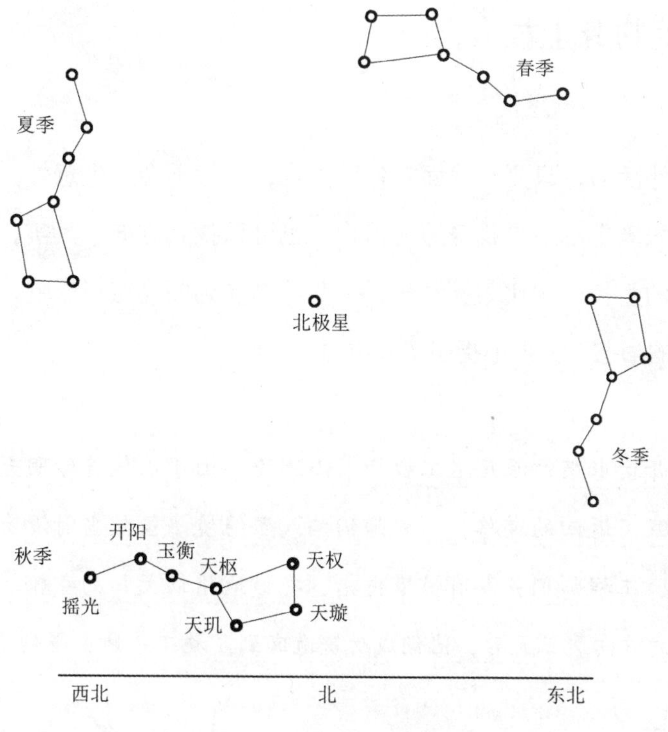

图 2-4 北斗七星和北极星

2.寻找南十字星。在南天极附近，有一个明显的南十字星座。它是由四颗明亮的星组成，形状像“十”，人们习惯地称它为“十字架星”。由于能观测到南十字星座的纬度范围为：北纬25度到南纬90度。所以，我国大部分地区是看不到这个星座的。一般南半球的航海家都用南十字星座来确定正南方向。

生存技能大考验

北斗七星也称为勺子星吗？ 你还知道有哪些星座？请说出五个以上星座出来。

5 从植物身上找方向

在野外活动，只要冷静面对各种困难，一般不会发生意外。万一迷失了方向，积极主动地寻找身边的植物，也可以找到方向。其实，很多植物在地球上的生长时间比人类都长，一些植物受到阳光照射影响，自然地形成了奇特的形态，无形中指明了方向。

某县开凿水渠，派几名工程师进山测绘。由于山区连续阴天、下雨，泥石流堵塞了返回的道路，工程师们陷入了绝境。虽然当时没有太阳、月亮与星星，工程师们并没有惊慌失措，巧妙地借助大树的年轮、树皮，找准了返回的方向。三天后，他们成功绕道回到了施工基地，得到了救助。

开动脑筋

那么，在荒山野岭，我们到底怎样根据植物来辨别方向呢？

1.看大树横截面。可以把一棵独立树砍倒，通过大树的横截面，仔细观察大树的年轮，年轮间隔大的一边大体是南方；间隔小的一边大体是北方。

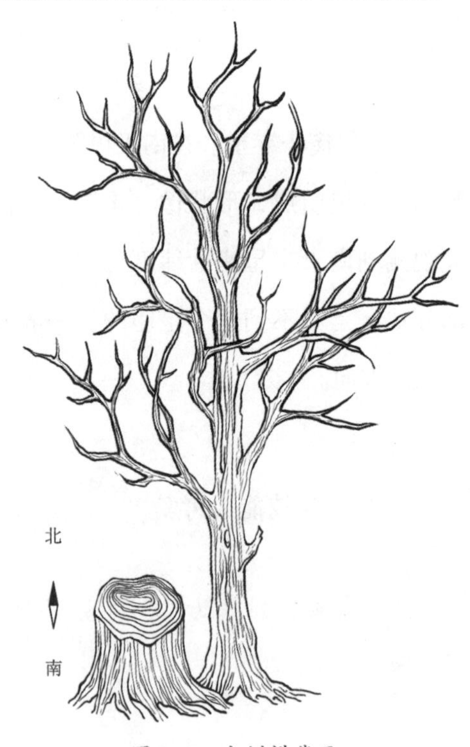

图 2-5　大树横截面

2.看树的生长情况。如果没有砍伐工具，可以看大树的植叶，植叶茂密、营养饱满、生长旺盛且很有光泽的一边大体是南方；植叶稀疏、光泽差的一边大体是北方。

野外生存温馨提示

植物是生命的希望，它们体内储藏着方向密码，开动脑筋，打开密码，就能找到方向。

3.看树皮。树叶、树枝不好区别的话，树皮也能反映一些方向情况，仔细观察树皮的光细与粗糙情况，树皮粗糙、暗淡的一边大体是北方；树皮光滑、细腻的一边大体是南方。

4.找特殊的植物。野外有一些特殊的植物对太阳非常敏感，主要是植物具有“趋光性”作用的结果，植物的头总是朝着太阳方向生长。如向日葵、芦苇、狗尾巴草等。找到它们，也能大体找到方向。

6 房屋就是固定的指北针

人类社会发展历史告诉我们，房屋几乎与人类同时产生，原始时期的房屋简陋，一般以洞穴、窝棚、断崖为主，后来逐渐有了窑洞、地窝子、草棚、干打垒房子、木屋、竹屋、树上窝棚等，居住与活动场所的构建逐渐科学化、合理化、适合居住化，凝聚了劳动人民的智慧。

其实，房屋与阳光照射、风向、采暖有密切的关系，只要你仔细观察，充分考虑到阳光、取暖、采光、风、饮食、安全等因素，就能发现其中许多玄妙的细节，这些细节都与方向有着或多或少的联系。

根据史料记载，古代西北边陲的丝绸之路上，一支运输队经过一个山口时，遇到了强烈的沙暴，很快山口消失了，所有的地上路标都不见了。人们惊恐地从沙子下面钻出来后，发现什么都变了，惊恐不安。一位有经验的老者不慌不忙，观察了一下沙丘，立刻跑过去，开始挖掘，挖出了当地人居住的房子，通过窗户的开向，他成功找到了南方，并带领运输队顺利走出了山口。

开动脑筋

1.了解房屋建筑特征。建筑史上记载，依照房屋的科学性与居住性，多数房屋、庙宇是坐北朝南，为了采光最大化，门、窗的方向一般多是朝向南方或者朝向东南方。

2.观察灶台情况。家庭房屋外面垒起的炊灶，其开口方向一般朝南、东，主要是害怕北风与西风，避免直接吹进灶膛，把灶火吹灭。

3.观察屋脊线。为了保证房屋正南正北，屋脊线一般朝南北走向，只要发现了屋脊线，就能顺利找到南方。

4.观察瑞兽。为了尊严与辟邪，有的房屋的房沿上雕刻有各种瑞兽，瑞兽的头面一般朝南。

野外生存温馨提示

野外迷失方向后，遇到废弃的房屋与庙宇，可根据房屋与庙宇的结构，观察门窗与灶台开口方向，大概找到东、南、西、北。

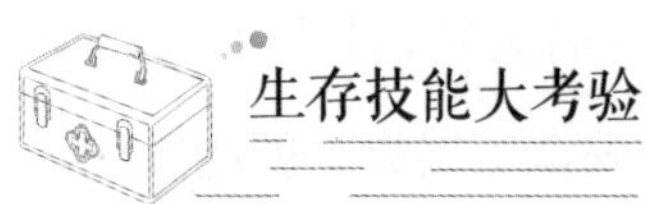

生存技能大考验

屋顶的瑞兽能指示什么方向？

7 地物也能指方向

荒郊野外迷失方向时，不要丧失信心，只要脚踩着大地，闻着土地的清香，善于观察地物特征，一般能找到方向。因为古人在劳动中发现野外许多特殊的地面物体由于受到阳光、环境、气温的影响，会显现出某些与方向有关系的特征。

抗日战争时期，抗联的一名战士在送情报的途中与敌人遭遇。为了保护情报，迅速脱离危险境地，他丢弃了所有的食品和不必要的器材，潜入了莽莽林海。当他机智地摆脱了敌人追捕后，自己也迷失了方向。冷静片刻之后，他摸摸怀里的情报，环视着周围冰冷、坚硬的土丘，掏出锋利的匕首，从四周开始用力挖掘眼前的土丘。2小时后，通过观察土丘0.5米深处的土质情况，他准确地判断出南与北，然后按照预定的方向，迅速地走出了林海，并及时将情报送到首长手中，保证了部队战斗任务的完成。

开动脑筋

1.寻找凸起物。在野外活动，一些凸起物也可以用来当作指北针，关键在于你的眼力。一般情况下，先稳定情绪，保持冷静，站在一个便于俯视的位置，寻找周围的土丘、土堆、土堤、独立岩石等物。走过去近距离观察，能从不同的侧面，发现不同的情况。如：南面青草茂盛，干燥明亮，冬天积雪融化得快；北面阴湿、潮气大，有的还生有青苔，冬天积雪融化得慢。

2.深挖凸起物地表。冬季的荒野中，迷失方向是很危险的事，需要立刻找准方向，走出困境。如果凸起物四周无积雪，只好挖地下了。冬季的土

野外生存温馨提示

万事万物都会有自己独特的特征，地表也不例外，只要你留心，善于思考，就会明白其中的奥秘。

丘，其浅表深0.5米左右的土质情况是：南方土质松软、潮湿与温暖适度，北方硬冻土层，并带有冰茬。

3.学习猎人，趴在地上观察。无论什么季节，只要在荒野迷失了方向，在无其他办法确定方向时，有经验的猎人是立刻趴在地上观察地表的植物情况，大多的植物根部朝南方倾斜。

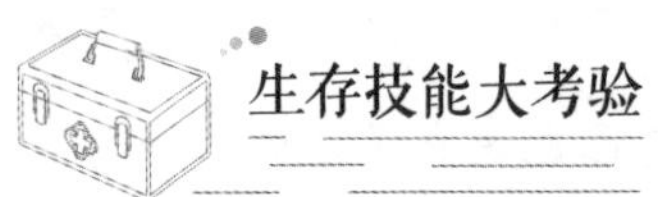

生存技能大考验

多多和小伙伴们在树林里迷了路，他的家在这片树林的南部。可是，现在是冬季，树叶全都落了，树干光秃秃的。请问多多该如何辨别方向呢？

8 动物的方向本能

许多动物在进化过程中，保留着方向性与定位性。动物的演变历史与进化历史比人类都长，适应大自然的能力比人类优越。很多动物对方向的辨认非常敏感,它们的脑子里已经形成固定的磁场定位系统，这是人类所不及的本能。

明朝末年，农民起义军李自成的部队在一次战斗中被明军打败，撤退时被迫钻进高山密林。由于地形复杂，官兵忍饥挨饿，在山谷里转来转

去，转了无数个圈，可就是转不出去。粮、草、水、药早就没有了，危急时刻，李自成抬头看到一只喜鹊钻进了窝，立刻想起一句儿时唱的歌谣——“喜鹊咯咯叫，好事就来到，出门头向东，回家头朝西。”

李自成微笑着带人朝喜鹊窝开口方向走去，因为他知道东面有他的“老营”驻扎着，只要坚持按照喜鹊窝的开口方向走，就能成功脱险。经过三天的艰难跋涉，他们终于看见了自己阵营的旗帜。

开动脑筋

1.大雁飞行的方向有规律，秋季向南方飞，春季向北方飞。

2.蚂蚁的洞口一般朝南方开。

3.蝎子的洞口一般朝北方开。

4.喜鹊窝开口方向一般朝东。

5.信鸽飞出去数百里，还能够丝毫不差地飞回来。

6.老马能找回家。

7.蜜蜂能准确地找到自己的巢穴。

8.狼无论走多远，也能找回自己的领地。

9.大象行走万里，最终能回到原点。

野外生存温馨提示

动物是人类的朋友，要知道有些动物某些特性要比人更优越。在你绝望的时候，要想想动物，看看动物是怎样在恶劣的环境中生存的。

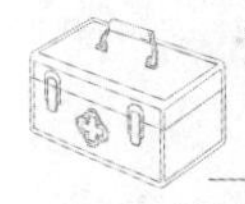

生存技能大考验

小强在树林里迷了路，忽然他发现了邻村一位大叔家的马从身前走过。请问，小强能跟着这匹马找到回家的路吗？

9 天气中的方向

有生活常识的人都知道，地球有四季，有风、雨、雪、雾、霜等，这些特殊的天气，也会隐含着方向。有经验的猎人、地质工作者、采药老人能根据一些有规律的天气现象，快速判断出方向，大概确定东南西北。

有一次，忽必烈亲率大军冒着严寒向北征讨，敌军趁着天黑路险，向北迅速撤退。忽必烈的骑兵穷追不舍，忽然一阵狂风，昏天黑地，眼前2米的路都看不清楚了，敌人乘机逃脱了。待天气见晴后，敌人的马蹄印被风沙埋没了，冲在最前面的将士们不知道东南西北，只好停了下来。忽必烈下了战马，看了看举旗官的旗帜，顺着帅旗飘摆的相反方向一指，大呼："勇敢的士兵们，前进！"众将士抖擞精神，跃马追击，很快就发现了遣逃的敌人，最终将敌人围歼。士兵们都欢呼道："大汗，天神也！"

其实，忽必烈并不是天神，只是他通晓天文、地理知识。他知道在当地的冬季，风多为北风，旗帜摆动的方向其实就是南方，相反的方向就是北方了。

开动脑筋

1.如果冬天在野外迷失了方向，要沉着冷静，观察风向。上风口是北或西北；下风口是南或东南。因为冬季的风，多是西北风。也可以抓一把沙土，扬起来，观察沙土的漂移轨迹。漂

> **野外生存温馨提示**
>
> 野外方向判断，应该是一个综合的判断，有时只凭一种方法，也可能出现失误。应该保持镇定，反复对照、比较、鉴别，力求复合式判断，结合多种因素来找到真正的方向。

移的延长线开头是北方，尾端是南方。

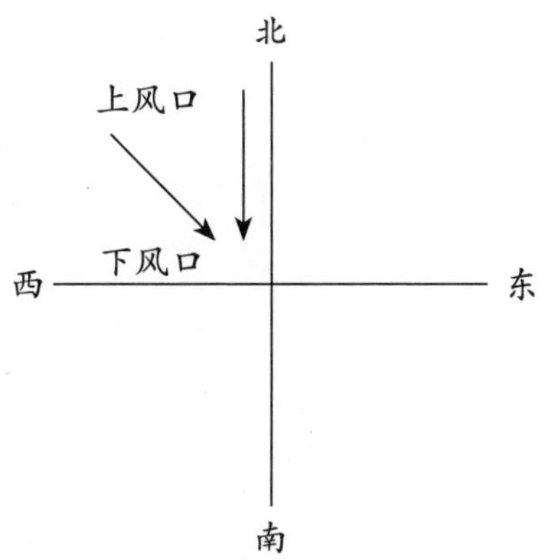

图 2-6　冬季风向：北风或西北风

2.如果是夏天或秋天在野外迷失了方向，立刻找一个能感觉到风吹的地方寻找风头。上风头是南方或东南方；下风头是北方或西北方。因为夏与秋季的风多是南风或东南风。

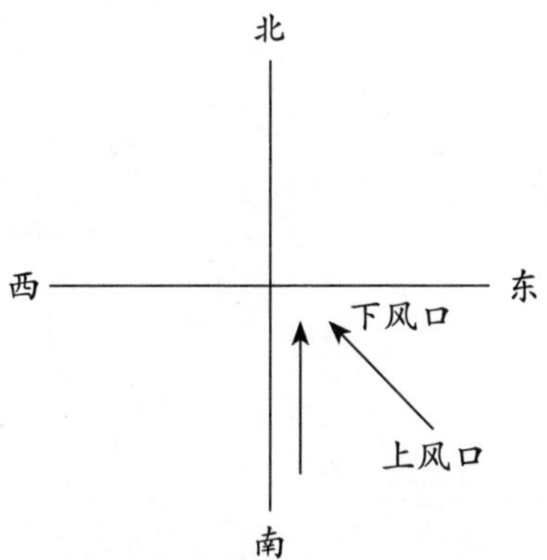

图 2-7　夏季风向：东南风或南风

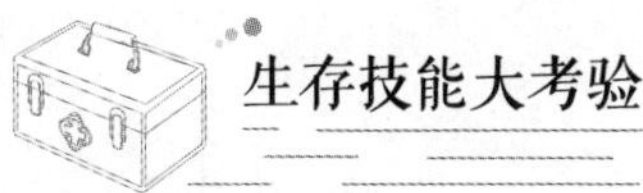

生存技能大考验

一个寒冬的冬天，一群商人在沙漠里迷了路，他们听说沙漠的南部有绿洲以及人家，请问他们该如何辨别方向?

第三讲

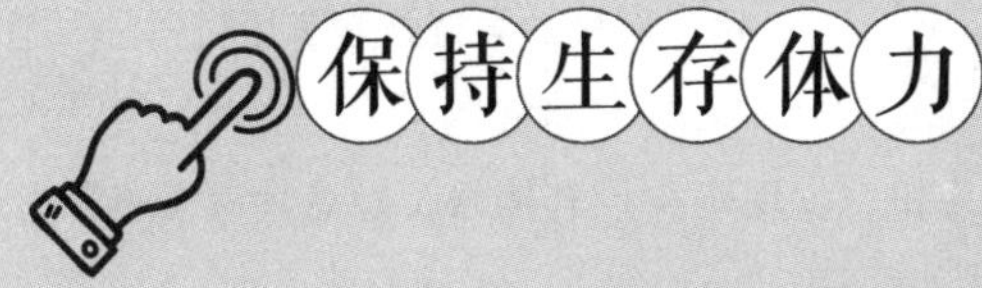

——学会寻找食源

“十一”长假的第一天，喜欢骑自行车的明明与爸爸骑自行车去郊区旅游，郊区四周是著名的燕山山脉。第一天，他们骑了50千米以后，明明又累又饿，与爸爸在一个山谷中搭好帐篷，拿出预先准备的野餐吃了起来。夜间，父子坐在帐篷边聊天。

爸爸边吃边问：“明明，香吗？”

明明点点头说：“前胸贴后背了，真香。”

爸爸看着天空，说：“人以食为天，没有食物，再坚强的人也会倒下去。如果在野外遇到危险，需要长期生存下去，最关键的是什么呢？”

明明不假思索地说：“这简单，赶快用手机告诉妈妈来救我，给我送吃的、喝的呀！”

爸爸眉头一皱，说：“也对！但是如果野外没有手机信号，怎么告诉妈妈呢？”

明明立刻拿出手机，发现确实没有信号，疑惑地看着爸爸，着急地问：“这可怎么办呢？”

爸爸摸了一下明明的头，微笑着说：“怎么办？自己找吃的。要想在野外生存下去，最关键的就是吃。”

明明高声说：“我喜欢吃面包、肉饼、饺子和煎饼。”

爸爸微笑着说：“是啊，我也喜欢吃面包、肉饼、饺子和煎饼，可野外哪里有现成的呢？没有现成的，就要靠自己寻找。”

明明追问：“靠自己寻找，能寻找到面包、肉饼、饺子和煎饼吗？”

爸爸笑着说：“不能！寻找吃的，不一定是面包、肉饼、饺子和煎饼，野外能吃的食物多，必须保证有食物来源，才能长久地生存下去。”

明明瞪大眼睛，着急地问：“野外寻找食物容易吗？”

爸爸看着天空，认真地说：“这个嘛，问得好。野外寻找食物并非容易事，不是举手可得的。有些食物是有毒的，吃了就会丧命；有些食物是带有病菌的，吃了就会得病；有些食物需要采摘，有些食物需要抓捕，有些食物需要深挖，有些食物需要辨别……学会寻找食物、辨别食物有没有毒是件大事，掌握这个本领，才能生存下去。”

明明看着爸爸，点头说：“是、是、是，原来野外生存这么复杂呢。爸爸，您仔细给我讲一讲。”

爸爸看着明明，笑着说：“好！开讲了！”

1 需要的营养

野外遇到危险，无论什么情况下，都不能忽视吃的问题，因为没有吃的，再坚强的人也撑不了几天，这是人体生理与生命健康的发生规律。

迷失荒野时，暂时摆脱了生命危险，临时到达安全地域后，需要解决吃的问题，搞清楚每天身体需要多少食物，去什么地方寻找食物，这是很重要的大事，不能马虎。

明朝末年，农民起义军李自成的一支小部队被迫退入荒山中，明军用火封山，李自成的部队无法逃出困境。由于地荒无粮，一点儿食物也没有，士兵们只好杀了战马吃，几天后没有了任何食物，士兵们都全身无力，面色苍白，精神恍惚，慢慢地一个接一个地倒下去了。

1.了解人体必须的营养素。人体营养素的组成部分是复杂的，根据最新医学成果证实，人体主要含水分55%~67%，蛋白质15%~18%，脂类10%~15%，无机盐3%~4%，糖类1%~2%，还有维持生命所必需的其他有机物。这些物质，再加上维生素，都是人体必须的营养素。它们主

野外生存温馨提示

维生素是维持生命最基本的物质，如果长时间摄入不足，就会造成体内营养物质失衡，新陈代谢异常，器官出现衰竭、病变，导致生病、虚弱乃至死亡。因此，野外遇到危险，需要长期坚持时，要千方百计寻找食物，以补偿体内所需的营养物质。

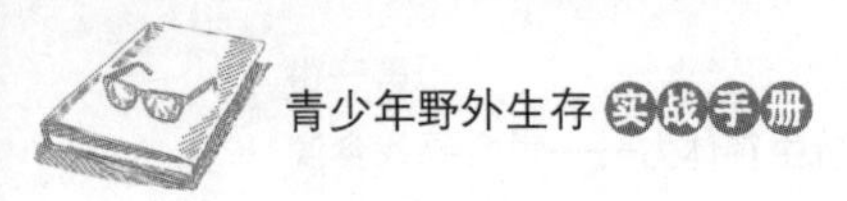

要是从食物中取得的。

2.知晓每天必须消耗的能量。人体时时刻刻进行着新陈代谢，需要消耗许多养分，需要及时从外界补充进来，以维持身体的需要。根据实验，成年人一天所需要的蛋白质为90~120克，热量1440~4000千卡，无机盐与各种维生素亦不能缺少，特别是维生素C更不能缺乏。

生存技能大考验

明明和爸爸在郊区爬山时，口干舌躁，头发晕，全身无力。请问明明此时需要补充哪些营养素？

2 野　菜

野菜可以说是地球的活化石，见证了地球的变化过程。地球上自从出现了植物、动物以来，野菜就一直伴随着人类。世界上，野菜品种多达数千种，分布在地球的各个地方。

野菜的适应性很强，几乎到处可见，是天然的充饥食品。野菜的营养价值高，且丰富。根据测算，有些野菜中含有大量的蛋白质、维生素、核黄素、脂肪、氨基酸、糖份、淀粉、矿物质（铁、钙、磷、锌、钠）、胡萝卜素和磷质。

野外断粮时，如果没有任何食物来源，几乎陷入绝境时，不要慌张，寻找野菜、吃野菜是一种不错的选择。其实，野菜不仅好吃，而且营养丰富，没有污染，有的野菜还有防病治病的功能。

抗日战争中，一队凶残的鬼子冲进村庄里烧杀抢夺，驻扎下来。马叔叔一家人为了生存，被迫躲进山里。由于匆忙，没带任何食品。饿的时候，没有干粮，只能靠挖掘野菜，采摘蘑菇、野果，扒树皮充饥。一个月后，鬼子走了，马叔叔一家人没有被饿死，而是平安地回到了家。

开动脑筋

1.常见的野菜。野外，常见的野菜种类很多，一般是七七菜、苦苣菜、地马菜、扫帚菜、苦地丁、地米菜、野苋、野葱、野韭菜、芥菜、荷叶、浮萍、万草根、马唐、兔耳草、泊子草、龙爪芽、狗尾草、帽子草等，这些野菜一般生长在空旷的田野上、沟壑里，生命力极强，含有蛋白质、脂肪、糖、胡萝卜素、维生素C、氨基酸和矿物质（铁、钙等）等，嫩叶可以生吃，茎也可以吃，可以凉拌、炒吃、做汤、做馅吃。一般情况下，采摘的最佳时间是3~10月份，有的野菜常年都可以采摘。野菜不仅能吃，还有药用价值。现代医学证实，有些野菜还有抗癌作用。

2.常见的其它草本植物。野外的一些特殊地域，可以发现芦苇、山地瓜、山土豆、向日葵、野甘蔗、野葡萄、野大米、人参果、枸杞子等，含有大量淀粉、糖、维生素、粗纤维的植物，都是充饥的好食品，是大自然赋予人类的天然粮仓。只要留心观察，一般能发现这些植物。

野外生存温馨提示

野外，最多的、最容易得到的食物就是野菜。要记住：“丰收之年，不忘灾荒。”平时稍微留意一些野菜知识，关键时候就会管大用。

3 柳 树

俗话说："五九、六九河边看柳。"春天到了，河边、路边、山谷里、院子前后到处都能看见柳树，弯垂下来的新鲜嫩芽、嫩叶，令人垂涎欲滴。柳树是最常见的树，生长力旺盛，适应环境强。

根据植物学家的统计，全世界的柳树大约有数百种，常见的有垂柳、旱柳、沙柳、左旋柳等。

农村居民常说的一句话是"柳树全身都是宝，能吃、能烧、能治病、能建房、能遮阴凉、能拴牛马驴骡子羊。"

春分这天，两个青年人骑山地车进山拍照。遇到了山体滑坡，坠落到几米深的沟里，身体多处受伤，困在山谷，等待救援。5天后，当地的护林员意外发现他们，他们两个竟然都活得好好的。原来，他们在被困的山谷里发现了很多柳树，每天靠采摘柳树蕊和嫩叶子吃来维持生命。

开动脑筋

1.营养丰富。根据测算，柳树吸收土地营养的能力强大，可以把树根周围数十平方米的营养吸进去，所以，嫩叶中含有多种维生素、蛋白质、糖、矿物质与水分。荒野中，一旦断粮了，寻找到柳树后，可以采摘嫩叶，直接生吃嫩芽，也可以煮熟吃，还可以蒸着吃。

> **野外生存温馨提示**
>
> 野外遇到断粮，别着急，更不要慌，如果发现了柳树，就找到了"口粮"，生命的希望也就有了。

2.有治病功效。柳树的药用价值很大，民间药典中有很多记载，一般认为：柳树性甘

温、无毒，花、柳絮、叶、枝、根、皮均可入药，有祛风、消肿、止痛、明目、壮筋的功效。《中国药学大辞典》上记载：柳蕊有驱风、明目、聪耳、乌发、健力、益寿、坚齿、轻身、壮筋的功效。史书上记载：古人把柳树皮洗干净后，给产妇嚼，能够治疗分娩的疼痛和产后热。古印第安人用柳树与茶叶一起煮，然后把病人放入温度适当的液体里，能够治疗风湿病和皮肤病。

4 板　栗

古代人把板栗视为“神果”，以前的猎人外出打猎时，若粮食紧张，常把板栗当成干粮，既能多带，又不容易腐烂。

我国的板栗产地大多在吉林省、河南省和河北省，较为有名的板栗是吉林省的集安板栗和河北省的迁西板栗。

图 3–1　板栗

秋天，王师傅进山采集药材，意外掉入山谷中，干粮也不慎丢失。然而，王师傅两天都没有走出山谷，正当饿得难受、体力透支的时候，他忽然发现前面有几棵板栗树，精神为之一震，立即上前采摘了一些毛栗子吃，及时补充了能量。体力恢复后，又采摘了数十斤板栗，带着上路，又经过几小时的跋涉，王师傅终于走出了山谷，发现了村庄，得到了救助。

开动脑筋

1.寻找板栗。野外遇到危险，特别是断粮后，要保持镇定，积极寻找板栗树。板栗树非常好辨别，果实外面被毛刺包裹。板栗树一般生长在荒山上、坡地上、山谷边，生存力极强，树龄可达100年以上。花期5~6月，结果期9~10月，一棵板栗树的产量大约在数十斤，实为大自然赋于人类的天然“粮仓”。

2.营养丰富。板栗是营养丰富的绿色食品，根据检验，它的营养成分含量相当丰富，每100克里含有糖分70克、脂肪7.4克、蛋白质10.7克，还含有钙、铁、磷、锌、多种维生素(C、B)与人体必需的安基酸。它可以生吃、煮吃、炒吃，还能作菜肴吃，也可以制作成板栗罐头、板栗羹、板栗粉、板栗点心等。

野外生存温馨提示

板栗的营养价值高，能给人体提供丰富的营养和巨大的能量，野外能发现成果期的板栗，粮食问题就不是问题了。

3.板栗不仅可以吃，还是一种药材。《本草纲目》上记载：“板栗，和胃气，益气力，安五脏，壮筋骨，固肾生精，能令人气力长久，不饥。”

5 榆　树

解放前，老百姓因为饥荒、洪水、战乱被迫离开家园时，榆树就是他们的“活粮仓”，是人们的救命粮站。

有资料记载，1920年6月，西北某地山洪爆发，一家人被困在一个山坡上，举目无亲。正当一家人绝望之时，发现了山顶上有十几棵榆树，顿时他们喜出望外，每天采摘榆树叶、嫩皮与果吃，十几天过去了，人不但没有饿死，还活得好好的。

开动脑筋

野外生存温馨提示

榆树是人类的好朋友，野外断粮以后，榆树不仅能当食物吃，还有治病的功效。

1.去什么地方寻找。野外一旦断粮，可以寻找榆树，解决吃的问题，榆树一般生长于山坡、旷野、平原林边、川地、丘陵等处。

2.如何辨别。榆树非常好辨别，幼树树皮平滑，成年老树树皮暗灰色，不规则深纵裂。

3.怎么吃。榆树全身是宝，果、叶均能吃，一般在春季采摘嫩叶。营养丰富，主要含有蛋白质、脂肪、糖、胡罗卜素、矿物质、粗纤维等。嫩叶凉拌、做馅均可，果实可与面食同吃。树皮含有淀粉、矿物质、糖粉，可以磨成面，煮吃、蒸吃。

4.药用价值。榆树的药用价值高，榆钱、树皮、树根都是天然的草药，用于神经衰弱的治疗，还有利尿、止血等作用。

6 香 椿

香椿被人们称为“树上的蔬菜”。谷雨前后，大量的香椿发嫩芽，散发出特殊的香气，令人胃口大开。

抗日战争中，太行山里的一个小村庄突然来了几个凶残的日本鬼子。烧、杀、抢，无恶不作，王爷爷带着还没睡醒的孙子急忙逃进深山。忘记带食物，没有吃的，爷俩饿得难受，咬牙坚持继续向深山里走。进入另外一个山沟时，爷俩忽然闻到阵阵香气飘来，四下观望，见山坡上有数十棵香椿树，几只鸟正在欢快地争吃着叶子。

王爷爷带着孙子走过去，采摘了许多，放进嘴里，顿感清香四溢，精神爽快，体力迅速恢复。安全隐藏了数日，天天吃香椿，等村子里平静了，爷俩平安地回到了家里。

开动脑筋

1.香椿树的形状。香椿属乔木，幼年树高低不等，成年树高2米以上，树皮粗糙，深褐色，片状脱落。春天，发出的新鲜嫩芽为褐红色或紫红色，芽长数厘米，分几个小叶片，亮晶晶的样子。春天过后，叶子逐渐变老，为深绿色，叶长10厘米以上。

2.香椿树生长的地方。一般情况下，香椿树多生于山坡、山谷或乡野村庄的道路两侧，庭院前后亦多见。

3.香椿的营养价值。香椿营养丰富，含有多种维生素、氨基酸、糖、矿物质、蛋白质，独特的味道十分鲜美。

4.如何寻找香椿。有经验的采药老人、猎人、地质工作者、侦察兵能通

过闻气味，轻松找到香椿树。春天，在无风的情况下，香椿嫩芽散发出去的香气，可以在几里地以外闻到，容易辨别。如果有风，需要站在下风头闻味。

5.采摘时间。一般情况下，按照植物的生长季节，香椿在每年的3~6月间即可大量发芽，是采摘的最好时期。采摘下来的香椿芽，以吃嫩叶、茎为主。可生拌吃，可炒吃，可做馅吃。如果错过了采摘期，老叶子用开水煮后，也能食用。

香椿是人们普遍喜欢的一种树，是大自然赏赐给人类的“树菜”。

6.香椿是特殊的草药，有一定的药用价值。古代中医一直把香椿当成草药，用于治疗疾病。香椿能和胃生津、健脾，常吃还能安五脏，润肠，抗肿瘤。

7 核　桃

核桃树也叫胡桃树，属胡桃科植物，品种分为野生核桃和人工嫁接的核桃。核桃树喜欢温暖，怕寒冷，原产于中亚，中国各地都有核桃树。野生核桃的皮薄、个大、油多，吃起来香甜，也叫铁核桃。

清末民初，战乱四起，河北东部某地一家6口人，为了躲避战乱，逃进山里藏了起来。山里没有其他食物来源，只有山沟里的数十棵接满了山核桃的树。一家人喜出望外，每天上树摘山核桃吃，喝山上流下来的泉水，一直坚持了3个月之久。更为神奇的是每个人都面色润泽，精神饱满，头发也黑油发亮。

开动脑筋

1.核桃树的外形。各种核桃树的高度不一样，一般高是2~10米，甚至十几米高，树冠广阔，枝叶茂密，树皮幼时灰绿色，老时则灰白色而纵向浅裂，小枝无毛，光泽油亮，逐渐夹杂着褐色。

2.核桃树生长的地方。一般情况下，核桃生长在山坡的杂树林中，喜欢朝阳一面。

3.核桃的营养价值。无论野核桃还是嫁接的核桃，都含有大量的植物油、蛋白质和矿物质，果实可以充饥，是天然的营养佳品。

4.采摘时间。一般情况下，按照植物的生长季节，核桃在每年的夏末秋初即可成熟，是采摘的最好时期。采摘下来的核桃，砸开外层嫩皮和内层的坚硬皮壳，直接吃果实，也可炒吃、煮吃、蒸吃。

5.如何保管。核桃不容易变质腐烂，易于保管。采摘后，自然晾干，可以长期供给人食用，是天然粮仓中的上品。

6.药用价值。核桃是特殊的补药，其形状如脑，故按照中医以形补形的原理，核桃是补脑的最佳食物。古人认为，核桃能补肾、润肺，抗衰老。

> **野外生存温馨提示**
>
> 核桃是人们平时常吃的坚果，被人们称为救命的“仙果”。

8 枣

枣树的种类多，在全世界的范围内大约有数百种，我国许多地方盛产

大枣。野外的荒郊野岭中，最常见到的枣是大红枣、冬枣、青枣、沙枣、酸枣、黑枣等，都是充饥的好食品。

秋天，几个大学生进山拍照。为了走近道，钻进了茂密的山谷里，迷失了方向。2天后，身上携带的水、食品用完了，大学生们饿得两眼冒金星，无法继续前进了，只好坐在一起，等待救援人员出现。白白等了一天，人影也没有发现，大家都绝望了，甚至出现了幻觉。

危难之时，一个大学生扭头看见山谷中有几棵枣树，结满了红彤彤的大枣，便叫上同学一起，互相搀扶着走过去，采摘大枣吃。终于，他们依靠大枣保存了体力，6天后幸运地得到了当地护林员的救助。

开动脑筋

1.枣树的外形。枣树属落叶乔木，高低、粗细、大小、形状不一，大体上说枣树的小枝成之字形弯曲。叶子长，一般为椭圆形状或卵形，花小，黄绿色，每朵花8~9朵，核果长，椭圆形，暗红色，花期5~6月，果期9~10月。另外，酸枣树低矮，树枝上长满了刺。

2.枣树生长的地方。枣树适应环境强，在山坡、山谷、丘陵地带都能见到。

> **野外生存温馨提示**
>
> 野外发现枣时，不宜急着采摘吃，务必要仔细看一看枣有无污染、虫害，卫生安全最重要。

3.枣的营养价值。枣中含有丰富的人体所需要的营养物质，热量大，果实能充饥、能补水，是天然的营养佳品。

4.采摘时间。一般情况下，按照植物生长季节，枣在每年的7、8月份即可采摘。采摘下来的枣，可直接生吃。

5.如何保管。枣自身防护能力强，外皮能保水、保营养，便于携带，便于保管。采摘后，自然晾干，装在口袋里，或放入地窖中，可以长期供给人食用。

6.药用价值。枣的颜色为红色，按照中医的原理，枣是补气血的最佳食物。

9 竹 笋

竹笋是人们常见的蔬菜，其实就是幼竹茎杆的幼嫩生长部分，能吃的部分为初生、嫩肥、短壮的芽。我国南方的竹子很多，适应性强，属于多年生常绿草本植物。

图 3-2 竹笋

20世纪60年代，两位勘探工程师进入深山测量时，突然遇到了泥石流，逃生时，丢掉了随身携带的物品。由于泥石流堵塞了返回的道路，他们只好饿着肚子在深山里重新找回去的道路。

他们艰难地走了几天后，实在走不动了，便靠在一片竹林中休息。忽然，工程师们看见竹子在摇动，仔细观察摇晃的竹子，发现竟然是竹鼠在吃地下的竹笋。他们恍然大悟，立刻动手挖竹笋吃，很快就补充了能量，最后都安全地回到基地。

开动脑筋

1.竹笋的外形。其实就是竹子的根，有短粗的、有锥型的，毛竹、早竹的地下茎入土较深，笋芽埋在土中；麻竹、绿竹地下茎较浅，笋芽常露出地面。笋外面包裹着数层外衣，能起到保护作用。

2.竹子生长的地方。我国是竹子产量比较多的国家，主要分布在长江和珠江流域的广大地貌上。一般情况下，只要雨水充沛，在山坡、丘陵、峡谷附近，都能看到竹子。

3.笋的营养价值。笋中含有蛋白质、氨基酸、脂肪、糖类、钙、铁、胡萝卜素、维生素族等，水分含量大，不仅能当菜吃，还能补充水分。

> **野外生存温馨提示**
>
> 野外许多树都可以给人类提供营养，保证人类生存下去。如山荆子、黑醋栗、野柿子、桃子、枸杞等，都是天然的充饥食品。因此，野外遇到饥饿威胁时，不要慌张，只要注意寻找，发现了树木，肯定会有希望的。

4.采摘时间。一般情况下，应按照竹子的生长季节挖笋。“立春”后挖的笋，称春笋。这段时间可以从2月上旬持续到5月下旬。春笋个体大、健壮、生命力强。注意一点，挖笋时不要伤害竹鞭、鞭根和鞭芽。

5.如何保管。笋有数层外衣，自身防护能力强，外皮能保水、保营养，便于携带，便于保管。采摘后，自然晾干，可以长期供给人食用，是天然的菜与粮。

6.药用价值。古代医书记载，笋能开胃、润肠、化食、增加机体免疫力。

10 常见的小动物

地球上的动物很多，大都是人类的朋友，不能轻易伤害它们，要有保护野生动物的意识。然而，在野外遇到危险，在确实没有食物的情况下，为了生存，被迫抓一些普通的小动物，使我们能活下去，是可以理解的，但不能乱捕、乱抓、乱杀，要遵纪守法。

第二次世界大战期间，一位盟军的飞行员跳伞后，遭到了日军的围捕，被迫进入深山躲避。随身没有携带任何吃的、喝的，飞行员艰难地在山里穿行、隐藏。由于几天没有进食，体力消耗很大，眼看快支持不住了。忽然，飞行员遇到了一只兔子，抓捕后，烤熟吃，给自己补充了能量，飞行员得以生还。

开动脑筋

1.保持镇定，认真寻找。野外需要粮食时，应认真环视四周，用鼻子认真闻味，耳朵仔细听声音，甚至可以趴在地上侧耳听声音，专注某一个方向，观察岩石、土丘、灌木丛里的洞穴情况，通过观察，发现小动物印记，如巢穴、粪便、尿液、毛发、食物等踪迹。

2.野外常见的小动物。只要不是极其特殊的地域，一般能有野兔、蛇、青蛙、野猫、野狗、野鸡、山羊、野鸭、狐狸、狼、黄鼠狼、刺猬、老鼠、壁虎、猴子、野鹿、野驴、野猪、袍子等。

3.野外天上飞的鸟类。地上的动物有时不容易发现，天上飞的应该能看到。如麻雀、斑鸠、鹌鹑、喜鹊、鸽子、燕子、野鸡、沙鸡等。

野外生存温馨提示

小动物在地球上的生存时间比人类都长，野外需要耐心寻找，善于发现小动物的蛛丝马迹。

4.野外地里藏匿的小动物。地下藏着很多动物，只要留心，一般能看到蚯蚓、蝎子、地蚕、竹鼠等。

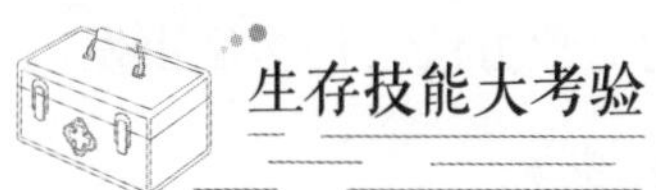

生存技能大考验

野外探测员小能在深山里迷路了，又饥又渴的他正在四处寻找食物。这时，他发现不远处有一只死鸽子，请问他应该怎么办？

11 寻找昆虫

地球上最多的动物群体就是昆虫，昆虫几乎遍布了世界的任何一个地方。目前，全世界已知的昆虫约有100万种，形态各异，十分有趣。

一位植物学家冒险进入原始山林寻找新植物，遇到了山体滑坡，被迫进入深山里躲避。逃生过程中，随身携带的食物丢失了，坚持了2天后，由于没有进食，体力消耗过大，植物学家再也走不动了。忽然，他遇到了一群蚂蚱，抓捕后，烧着吃，补充了能量，植物学家侥幸生还。

开动脑筋

1.昆虫是怎么分类的。根据昆虫的身体结构，幼虫的发育方式，昆虫学家们把昆虫分为：甲虫、蝶和蛾、胡蜂和蜜蜂、蝇、蝽类和其他昆虫。

2.野外常见的昆虫。野外见到最多的昆虫就是蜜蜂、蚱蜢、甲虫、苍蝇、蚊子、知了、螳螂、蜻蜓、萤火虫、蜗牛、蟑螂、蚂蚁、蝗虫、屎克郎、蛹、蚕、蝉、蝎子、蜘蛛、蝈蝈、黄粉虫、蟋蟀等。

3.野外怎么发现昆虫。看是发现昆虫最直接的方式，只要留心观察周围情况，一般能发现昆虫的踪迹。听是发现昆虫的简单方法，许多昆虫发出特殊的声音，只要善于辨别声音，很快就能找到昆虫。

4.捕捉方法。可以直接抓捕；可以用网兜捞捕；可以用棍子打；可以用灯光诱引。根据昆虫的习性，一些昆虫喜欢夜间出来寻找食物。由于昆虫的趋光性，预先在昆虫可能出现的地方，设置“火网”，请昆虫自行寻来。

> **野外生存温馨提示**
>
> 昆虫是地球上最古老的物种，无所不在，有人类的地方就有昆虫，没有人类的地方，也有昆虫。

5.尝试吃昆虫。野外断粮以后，不要着急，如果找了昆虫，如蚂蚱、蜻蜓、蜜蜂、蝉等，都是良好的充饥食品。

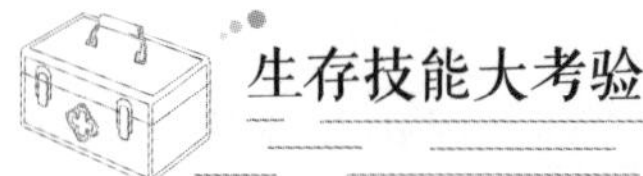

生存技能大考验

野外探测员小能在深山迷路了，由于是冬天，很难找到可以吃的食

物。这时，他发现了一些蜘蛛，但是他无法克服心理障碍用虫子充饥。请问他该怎么办?

12 海洋食物

地球上的海洋面积比陆地大得多，有一种观点证实，生命的起源就在海洋里，生命的进化始终与海洋有密切的关系。海洋生物非常多，能给人类提供很多食物。初步统计，海洋中的鱼虾类品种多达1500余种，鱼虾含有丰富的蛋白质、氨基酸和脂肪，肉鲜美，便于咀嚼，容易消化，营养容易被人体吸收。直接被人体利用。

第二次世界大战中，一艘商船被鱼雷击中。船员亨利被迫跳海游泳求生，朝前面的荒岛划水。由于没有准备，一点食物也没有携带。到了荒岛上以后，没有食物，只好采取最原始的方法，冒险下海捕捉鱼、虾、蟹，利用潮涨潮落的机会，亨利捕捉了很多鱼、虾、蟹、贝类等，及时补充了能量。半个月后，有商船经过荒岛，船员亨利终于获得救助。

开动脑筋

1.平时容易见到的海洋生物。来到一望无际的大海边，才知道海洋有多大，几乎是天海相连，望不到边。我们比较熟悉的海洋鱼类有带鱼、黄鱼、燕鱼、鳗鱼、鲨鱼、面条鱼、霸鱼、雪鱼等。

2.平时熟悉的无脊椎生物。涨潮落潮时，海里的一些无脊椎生物可能随海水冲上海滩，被礁石阻挡住，这时我们很容易发现螃蟹、龙虾、皮皮虾、墨斗鱼、海参、耗、牡蛎、贻贝、扇贝、章鱼等。

3.寻找与抓捕。海边，首先要学会观察，寻找什么地方容易隐藏着螃蟹、龙虾、皮皮虾、墨斗鱼、海参、耗、牡蛎、贻贝、扇贝、章鱼等生物，礁石群是这些生物的“家园”，安全进入礁石群，就能找到它们的踪迹。其次是深挖，一些贝类生物有钻地的本领，在浅海的淤泥里生存着，这需要我们通过手脚在浅海的淤泥中寻找。第三是潜水，深呼一口气，潜入海水中，寻找紧贴在礁石边的生物。

4.饮食卫生。无论什么时候，在海洋中获得了食物后，都要注意饮食卫生，在时间、环境、条件允许的前提下，尽量把食物洗净、烧（烤）熟吃。

海洋里的生物多，野外断粮，只要发现了大海，找到食物就有希望了。

什么地方容易找到海洋软体生物？

13 河里的食物也不少

地球上的江、河、湖很多，在我国尤其是南方的水资源更多，各种水生物名称繁多，种类与数量无法用数字准确说清楚。水生物越多，给人类提供的食物就越多，这是大自然赏赐给人类的天然食粮。

暑假期间，几个大学生去南方游玩，突然遇到了山洪爆发，泥水把他们的帐篷冲走了，食物也随着帐篷消失了。没有了食物，返回的道路也被毁坏了，几个大学生只好就地安营扎寨。他们在远离河边的山坡上修建了简易草棚，采取围堰的方法在河边捕捉鱼、虾、蟹、青蛙、泥鳅、龟等。功夫不负有心人，他们每天都能捕捉一些鱼、虾、青蛙、泥鳅等，坚持了5天，终于等到了救援人员。

开动脑筋

1.平时容易见到的淡水生物。小河、小溪流是人们最常见的淡水源，不仅能为人们提供淡水喝，还能给人们提供丰富的食物，如草鱼、鲢鱼、胖头鱼、鲶鱼、鲫鱼、鲤鱼、甲鱼、泥鳅等。

2.其他生物。淡水里还生长着很多螃蟹、毛虾、蚌、螺蛳、小龙虾等。

3.寻找与抓捕。野外遇到危险，先稳定情绪，寻找四周有无淡水，发现了淡水源后，立刻寻找水中能吃的生物，可以钓，可以下网，可以围堰，可以用手摸抓，可以直接击打等。

当发现水浅、鱼多时，找一根尖利的竹子或树枝，瞄准鱼的位置，扎插下去。

当水支流多，眼前没有现成的竹子与树枝，应采取围堰法。预先挖好引流渠与池子，把鱼、虾引进去，而后立刻把缺口堵住，舀干池子里的水，鱼、虾自然就显现出来。

当水道狭窄，可以用竹子、藤条编成一个直径为20~80厘米的鱼篓，口大肚圆尾小，将鱼篓口放入水口，等鱼随水

野外生存温馨提示

淡水是维持生命的关键，淡水里隐藏着很多生物，只要你有足够的耐心与智慧，定会找到吃的食物。

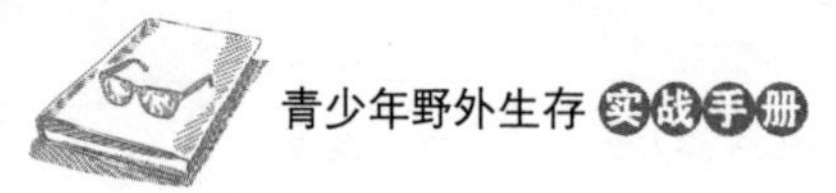

流进入篓中。

4.饮食卫生。在淡水里捕捉了鱼、虾、蟹等生物后，不能马上食用，生物里可能含有寄生虫与病菌，必须把食物烧熟或煮熟吃。

14 寻找藻类、菌类

野外求生过程中，寻找藻类与菌类食物也是比较好的选择。因为，在许多广袤地域、水泽附近，都有生长旺盛的藻类与菌类，大约有8千种可食用。

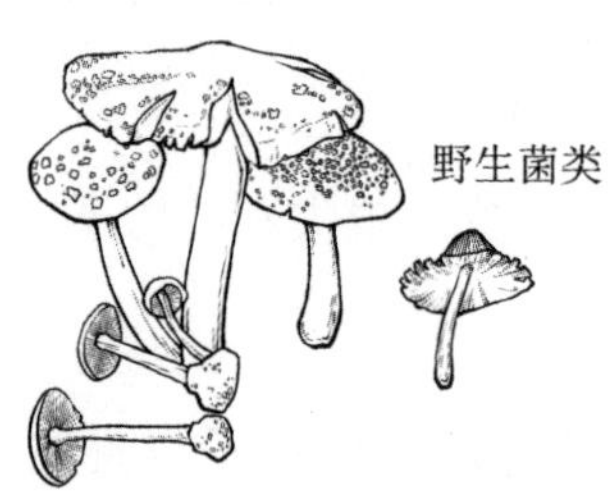

图 3–3　菌类

抗日战争中，一位民兵给部队送情报，被日本鬼子发现，被迫进入荒山躲避。日本鬼子放火烧山，他拼命向深山里跑了一天一夜，身上携带的干粮早已吃完，饿着肚子又继续坚持了两天，最后昏迷在沟谷中。

不知道过了多久苏醒后，民兵发现身边的杂草里有很多羊肚菌，便立刻采摘，解决了吃的问题，最后安全走出了荒山。

开动脑筋

1.常见的菌类与藻类。羊肚菌、发菜、地耳、草菇、黑木耳、银耳、猴头蘑、“青蛙皮”、石耳、松茸、海白菜等。

2.了解菌类与藻类的生长地域。一般情况下，菌类与藻类生长在较湿润的杂木林、松树林下，枯朽的树木上，田野的沟壑里，水塘附近，沼泽地的干燥地块，灌木丛中……都能见到它们的踪影。有的藻类与菌类雨后立刻长出，几乎采摘不过来。

3.会识别毒蘑菇。野外的蘑菇中，毒蘑菇大约有100余种，如果不慎食用了毒蘑菇，发生中毒后，轻者呕吐、腹泻，重者可致死亡。识别的方法是看与闻。

看：毒蘑菇颜色发浓艳，菌伞有红、紫、黄或其他颜色斑点，其紫色里含剧毒。伞柄上有菌轮，根部裹色，伞柄很难用手撕开。撕开后在空气中容易变色。

闻：毒蘑菇的味道有辛辣味，刺激性大。

> **野外生存温馨提示**
>
> 野外遇到断粮，积极寻找蘑菇与藻类，只要多观察，耐心寻找，特别是雨后寻找，一般会发现许多隐藏起来的菌类。

另外，毒蘑菇一般生长在阴暗低温不干净的地域或介质上。

生存技能大考验

几个大学生在森林探险的时候，其中一个大学生发现山坡北面有一块潮湿的地方长满了彩色的蘑菇，刚准备去摘的时候，另一个大学生却阻止采摘。这是为什么呢？

15 捕猎方法

人类是捕猎的高手，古人就是因为善于捕猎，食物有了保证，身体不断发育，才能逐步适应、逐渐进化、逐渐成熟与文明。那么，我们的老祖宗是怎么捕猎的呢?

20世纪六七十年代，有几个知青去山里开荒，遇到了一场特大洪水，被迫进山躲避。由于没有道路，知青们在山里与外界隔离了好几天。公社干部十分着急，派人寻找，找了5天，也没有见到他们的踪影，以为他们遭遇了不测，准备告诉他们远在城市的家人。没想到，7天后，几个知青自己安全、健康地回到了村子。老乡们吃惊地问是怎么回事。知青说山上有很多野兔、野鸡，每天学古人捕捉小动物，烧烤着吃，所以没有被饿死。

1.准备工具，制造捕捉武器。根据当时所处的环境，就地取材，可以用竹子、树棍制造叉子，可以用石头制造石斧，可以用藤条制作套篓，可以用石头、绳子制作自动套扣装置，可以挖陷阱，可以用身上的线、卡子制作钓鱼线和鱼钩等。

2.选择捕获地点。一是选择容易捕捉成功的地形；二是便于人员隐蔽；三是断定可能有动物出现的地方。

3.确定捕获方法。根据情况确定捕获方法：

（1）打砸法：随时可用手中的石头与树棍，待猎物进入有效攻击距离时，迅速、连续地击打。

（2）水灌法：对于躲避在洞穴里的动物或昆虫，可以采取水灌法，前提是水源充足，没有漏口。灌水过程中，需要集中精力观察。

（3）烟熏火烧法：看到动物与昆虫的洞穴深长，不容易抓捕，用烟熏与火烧的办法比较奏效。但要注意风向、风速与洞口漏风问题。为了防止漏风，可以在点火点周围修建一个简易的土围子。另外，熏烟用的材料，应该选择发烟大的材料。

（4）掏拿法：发现动物巢穴里有蛋，可以直接掏拿；发现动物回巢穴以后，可以直接抓捕。

（5）陷阱法：如果地形有利，有挖掘工具，可以在动物经过地点挖掘陷阱，守株待兔。

（6）挖掘与翻找法：一些动物喜欢钻入地下藏起来，可以直地挖掘与翻找。

野外生存温馨提示

野外捕捉动物要有耐心，保证人身安全，不能冒险。要注意保护野生动物，不要轻易伤害它们。对于国家保护的动物，绝不能随意抓捕。

（7）诱引法：用一根细棍把“网”支起来，找一根细藤条把细棍绑好，将藤条引向隐蔽的树后，在“网”内撒上一些草籽、昆虫，引诱动物进入其中，而后拉动藤条，使网扣下来，将动物捉住。

生存技能大考验

小志在野外寻找食物的时候，发现了一只野兔，可是刚追上去，野兔转眼间就钻进了一个洞里。小志苦思冥想，不知道怎样才能抓住野兔。你能帮他想出办法吗？

16 辨别毒与非毒的本领

野外的各种动物与植物在数亿年的进化中，为了更好地保护自己，或其他原因，体内的某些地方产生了一些毒素，人们误食后，就会中毒，轻者身体不适，重者有生命危险。

夏天，7岁的小兰与爸爸妈妈去郊区玩，发现了很多蘑菇，一家人高兴地采摘了不少。中午野炊时，在方便面里煮了蘑菇，不承想，下午全家人都出现呕吐、恶心、全身难受的症状。他们立刻去医院治疗，结果被诊断为蘑菇中毒。

开动脑筋

1.常见的有毒动植物。野外断粮时，一旦遇到这样的食物，千万不要食用。如河豚鱼、一些动物的甲状腺、一些动物的肾上腺、一些动物的肝脏（鲨鱼、旗鱼、鲅鱼、马鲛鱼、狍子肝、狼肝等）、一些贝类、木薯、发芽的马铃薯、鲜黄花菜、毒蘑菇、白果、有毒蜂蜜、死亡动物、大麻子等。

2.任何时候都要管住嘴。毒从外来，病从口入，只要管住嘴，提高警惕，一般不会中毒。进嘴前的食物，要看、闻，只要有条件就要烤熟、煮熟吃。

3.对比试验。对于拿不准的食物可以用小动物做试验，给它们吃点，或看它们吃不吃以及它们吃后的反应。一般情况下，小

野外生存温馨提示

野外的动植物为了保护自己，会产生一些毒素，以抵御侵害。

动物吃的食物，人吃了问题不大，但也不能粗心大意。

生存技能大考验

常见的有毒动植物有哪些？

17 食物的加工

野外寻找到食物后，如果不是特殊情况，不宜生吃，应该加工后再吃。这样既安全又健康，还能保证食物的美味。

前几年，几个架线工人进深山架线，遇到特殊的恶劣天气，被困在山里。他们就地安营扎寨，抓捕小动物，采摘野菜，自己垒了灶台，修建了烧烤架，安全度过了11天，没有因饮食问题发生任何疾病，成功得到救助。

开动脑筋

1.修建灶台、烤架。野外遇到危险，如果长时间走不出来，需要就地等待救援的话，应该修建简易灶台和烧烤架。简易灶台制作简单，找三块相似的石头，搭成三角式灶台。根据地形，利用特殊的土台、凸起物，挖一个简易灶台。烧烤架采取树枝、竹杆三脚捆绑法，或采取双交叉四点着地横搭法，双交叉杆的高度应该在1米以上，在中间的位置搭上横杆，横杆长度适当，下面放火源即可。

图 3-4　搭建简易烤架

2.保证加工时间。在平原烹煮食物的时间应保持在20分钟以上，食物才能熟，才能保证彻底消毒。如果在高原烹煮食物，不采取特殊的方法，一般是煮不熟的。这时应该采用高压煮沸法，才能保证食物煮烂。

3.克服对特殊食物的恐惧感。很多人胆子小，看不得动物血与内脏，捕捉到小动物后，不敢“收拾”，感到恐惧、恶心，甚至拒绝吃，这就需要克服心理障碍，暗示自己“收拾”小动物是不得已，是为了自己能活着，逐渐适应。

> **野外生存温馨提示**
>
> 野外寻找到食物后，必须重视加工问题，不能太大意，以免发生中毒，给自己造成不必要的麻烦。

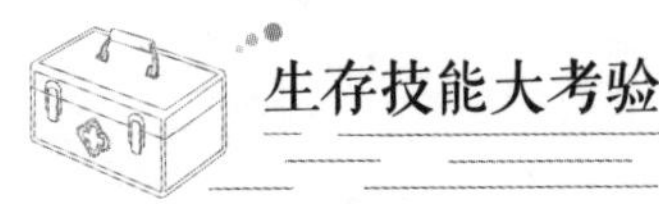

生存技能大考验

明明和同学们来到西藏旅行，他们自己动手煮玉米吃，可是煮了半天也没煮熟。请问这是怎么回事呢？

第四讲

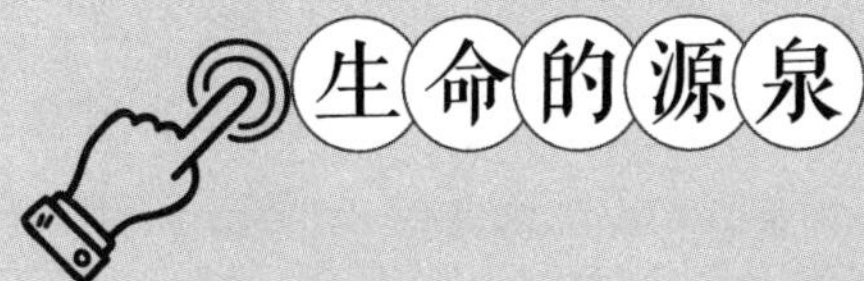

——高效探寻水资源

夏天，13岁的军军与爸爸一起来到了沙漠戈壁滩拍照，准备参加一个中学生环保摄影比赛。

中午，烈日当头，军军全身冒汗，渴得难受，拼命喝水。

爸爸拿着照相机，微笑着问：“军军，我们在荒无人烟的沙漠戈壁滩里遇到危险，最宝贵的是什么呢？”

军军不假思索地说：“当然是生命呀？”

爸爸点头，认真地说：“对！当然是生命。可是现在你手中的瓶子里没有水了，你打算怎么办？”

军军看着半瓶矿泉水，爽快地说：“没有水了，到车后背箱里拿，这有什么难的呀。”

爸爸表情严肃起来，加重语气说：“可是，你想过吗？万一车后背箱里没有了矿泉水，你怎么办？”

军军看着爸爸，结巴着说：“这、这、这，找水喝呗！”

爸爸环视着四周地形，大声说：“找水，说得容易，你会找吗？”

军军顿时清醒了，摇头说：“不会找，沙漠里都是沙子，到什么地方找水呢？爸爸，你给我好好讲一讲吧。”

爸爸指着沙漠，说：“好啊！水是生命的源泉，俗话说得好‘人可以7天不吃饭，但是绝对不能7天不喝水’。野外如果喝不到水，危险与后果是无法想象的。因此，水是野外生存最重要的物质之一，没有水，生命很快就会消失。野外喝水有学问，可以喝井水、流动的水、山泉水、雨水、雪水，绝对不可以喝腐臭的水、颜色不正的水。野外发现水以后，要观察、要仔细闻，水看上去要清澈、透明，无异味。对于颜色不对、有异味的水，应采取自然过滤法来处理，而后烧开饮用。今天我给你讲详细一点，顺便教你几手野外找水的技巧。听好了、记好了。”

军军不住地点头，高兴地说：“好，谢谢爸爸。我一定听好、记好。”

1 认识水

水是生命的源泉，没有水，就没有万物，也就不会有我们人类。地球上水很多，但是水的分布却不一样，有的地方水多，有的地方水少，有的地方甚至根本没有水。所以，平时要留心寻找水的问题。

一位摄影爱好者为了拍摄最佳的景象，冒险进入沙漠深处，返回时遇到风暴，迷失了方向，在沙漠里坚持了6天，最终没有走出来。救援人员找到他的尸体时，发现身边有饼干、牛肉干、花生米，就是没有水。经过检验，确认是严重脱水导致的死亡。

开动脑筋

1.水在人体中所占的比例。根据测算，人体含水量约占体重的55%~67%，儿童的含水量最高，可以达到70%~80%。比如：体重是80千克的人，其中约有水48千克。健康的成年人，其体内血液中含水量高，大约有80%的水。人体骨骼中也含有大量的水，大约是20%。

2.危险警报。人体离不开水，长时间大量缺水，会有生命危险。经过试验，当人体水分减少10%时，会引起严重疾病；当人体水分减少20%时，生命就会亮起红灯。

3.排出与补充量。正常人的生命代谢中，每个代谢过程都离不开水。如吃饭后肠胃消化需要水；人的体温调节需要水；人体内部各器官的润滑剂是水；血液的形成需要水；体内的各种细胞生长需要水；排出毒素（二便）需要水；出汗、呼吸也会损失掉大量的水。一般情况下，人静止不动，也会消耗掉最基础的水。根据测算，健康的成年人大约每天排出2500毫升的水，每天需要把这些排出的水补回来，才能保证最基本的生理需求。

野外生存温馨提示

野外遇到困难，断水是极其危险的，需要认真对待，设法找到淡水，及时补充，以保证人体新陈代谢的需要。

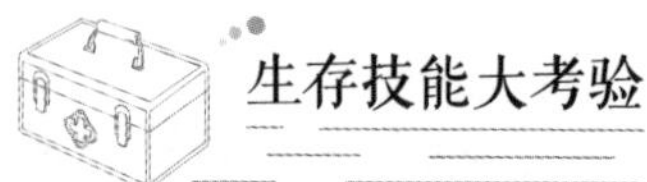

生存技能大考验

人体的水分减少多少会有生命危险呢？

2 别着急喝水

野外断水后，人的情绪会受到极大的影响。特别是几天没有进水时，精神可能会出现恍惚与幻觉现象，此时，一旦发现水源，在没有确定安全的情况下，绝对不能急着喝，以免中毒死亡。

明朝末年，农民起义军领袖李自成，率兵打败了明军主力，并乘胜追击溃逃的明军。明军残兵败将，仓皇逃跑，已经断水2天了。突然他们发现了一口井，士兵们蜂拥而上，互不相让，争着喝水。

可悲的是他们还不知道死亡已经来临了。原来水里有毒，当他们喝完水后，没有走出多远，就痛苦地躺倒在地，四肢抽搐，相继死去了。

开动脑筋

1.警告自己别大意，等等再喝，问问自己发现的水里有没有病菌，有没有毒物质。

2.观察水源周围有无动物活动的迹象，有无喝水的鸟及其它小动物，有无小鱼、小虾在水里游动，如果有，说明水源没有问题。

3.看看水源周围植物的生长情况，如果植物生长茂密，颜色、气味正常，说明水源没有问题。

4.闻闻气味，如果水源没有刺激鼻子的气味，也没有腐败的气味，气味正常，说明水源没有问题。

5.看看颜色，如果水源颜色无色、透明、清洁，说明水没有问题。如果水的颜色浑黑、污浊，那就肯定有问题。

> **野外生存温馨提示**
>
> 发现水以后，经过初步判断水源没有问题后，也不能马上喝，应该烧开以后饮用。

生存技能大考验

军军和爸爸在沙漠里找到了一片绿洲，还有一片水洼地，那么，怎样才能断定这里的水是否能喝呢?

3 过滤水

在野外发现水源后，有的水可以直接喝，如流动的泉水和干净、无污染的井水，但大部分水是不能直接喝的，需要进行过滤、消毒。简易的过滤水装置如4–1所示。

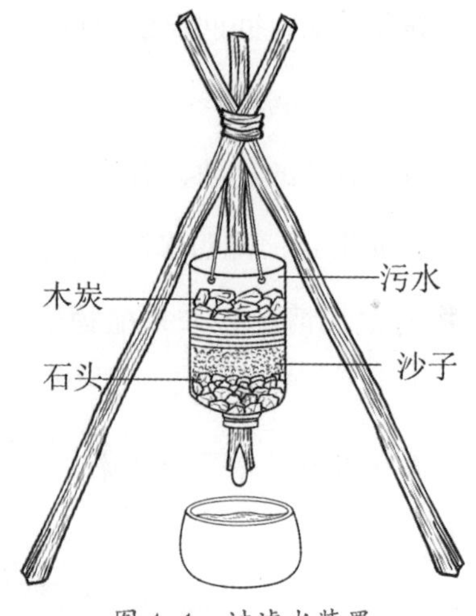

图 4–1　过滤水装置

有一年夏天，小军和妈妈到郊区玩。经过一个山谷时，不小心把矿泉水丢了，渴得难受，却没有水喝。他们艰难地走了2小时，遇到一个水潭，看见两个旅游的青年人用形似钢笔的吸管从水潭里吸水喝，娘俩便用双手捧水喝了起来。不久，他们开始拉肚子、恶心、呕吐、全身无力。两个青年人及时把他们送进医院。经过化验，原来水中有病菌。小军和妈妈问两个青年怎么喝了水没事呢？两个青年人说他们的吸管不是普通的吸管，是能过滤和消毒的吸管。小军和妈妈这才恍然大悟！

开动脑筋

1.专用消毒药片。市场上有专门用于消毒水的药片，外出前，购买一些备用即可。现在市场上还有一种过滤吸管，形似钢笔，紧急时刻，可以直接通过吸管过滤水。

2.简易过滤。发现水源以后，可以立刻在距离水源数十厘米的位置挖一个洞，让水自动渗透过来，自然过滤。

3.多层过滤。就地取材，找沙子、细小的鹅卵石、树叶子、身上穿的衣服（棉花、羽绒衣服里的羽毛、毛衣、围脖、线手套、口罩、秋衣等），一层叠加一层，放到一个容器中或自挖水窖中，把水从上倒入，等待从底部渗出来的水。这种水也不能直接饮用，需要煮开后再喝。

4.烧火煮沸。无论如何过滤出来的水，都应烧火煮开，才能彻底消毒，饮用才安全。

野外生存温馨提示

找到水源以后，不能盲目乐观，需要认真过滤、消毒，不能嫌麻烦，更不能拿生命当儿戏。

日常生活中，就地取材的过滤材料有哪些呢？

4 通过动物寻找水源

大自然中的一些动物对水源有依赖性，只要是有水源的地方，就是它们活动的地域，所以顺着这些动物的踪迹寻找，我们会更容易发现水源。

为了完成摄影任务，摄影师小王和同事进入荒漠里。几天后，水与食物都没有了，眼看着就要走不出沙漠了。危急时刻，小王看见一群蜻蜓朝左前方的沙丘背面飞去，顿时他们喜出望外，跟着走了过去。翻过沙丘，他们果然发现了一个水塘，水塘里的水清澈透明，经过检测后，是可饮用的安全水。小王和同事开心极了。

开动脑筋

1.静静地观察动物的行踪，最好不要惊动动物。一些动物在进化过程中，天生有寻找水的本领，对水源极其敏感。若在跟踪过程中惊动了它们，不仅会让它们惊慌失措，乱跑乱蹿，甚至还会让我们自己身处危险境地。

2.跟着大象的脚印寻找水源。大象有在几百里以外就能发现水的踪迹的本领，所以跟着大象长途跋涉能找到水的可能性较大。

野外生存温馨提示

一些动物对水的依赖比人类都强，野外断水时，一定要想办法观察与水有联系的动物活动踪迹，顺藤摸瓜，找到水源。

3.跟着骆驼的脚印走，也能找到水。沙漠里，水源枯竭，少有的水源一般都会印记在骆驼的脑子里，只要发现了骆驼的踪迹，找到水的希望就大了。

4.夜间应认真听声音，如果听见青蛙叫、鸭子叫、水鸟叫，附近可能有水池子。

5.白天观察天空，如果发现大量的蚊子、蜻蜓、野鸭、大雁，附近可能有水源。发现蛇、蛇皮、甲鱼、蚂蟥、螺蛳的踪迹，附近也可能有水。

生存技能大考验

摄影师小王和同事在沙漠里执行任务，但随身携带的水一点儿也没有了，他们躺在沙地里一筹莫展。请问，他们该如何寻找可饮用的水呢？

5 通过植物寻找水源

野外，很多植物对水源有着极其特殊的亲密性。水多时，它们能吸收、储存、保存水；水少时，它们能慢慢使用，科学分配水资源。由于这种奇特的特性，这些植物能在缺水地域保持持续稳定地生长。

有一年，几个学生进山玩。遇到蟒蛇追击，仓皇跑进深山，迷失了道路。由于跑得急，没有带水，夜间露营野外，渴得难受。恰好，一位夜间进山打猎的人发现了他们，把他们带进一片竹林，用刀砍断了竹子节，不一会儿，水就从竹子断茬处流了出来。最后，他们几个用竹桶装满了水，在猎人的指引下，成功回到家。

开动脑筋

1.寻找植物。许多植物离不开水，与水有着密切的关系。野外断水时，不能急躁，耐心寻找很重要，发现了特殊的植物，就可能发现隐藏的水。

> **野外生存温馨提示**
>
> 植物与水是分不开的，没有水，植物就无法生长，所以只要发现了植物，一般就能发现水。

2.竹子里含有水，也能储存水。

3.如果在南方，寻找椰子树，椰子里含有充足的椰汁。

4.如果在沙漠中，仙人掌里含有大量的水分。

5.如果在山谷，特别浓绿的草下面可能有地下水。

6.如果在荒凉的丘陵地带，背阴苔藓多的地方可能有地下水。

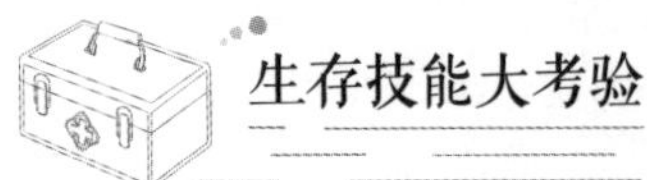

生存技能大考验

小周和几个同学在三亚旅游，一天他们参观热带雨林随身携带的水已经喝完，渴得难受的时候却没有找到卖水的商店。请问，他们应该怎么办？

6 通过地形寻找水源

大自然中有很多独特的现象，比如说山有多高，水就有多高，也就是说山上一般有水源。有的地方常年聚集水，会形成特殊的地形、地貌特征。

喜欢探险的小王独自进入西北某段野长城。经过几天的攀爬，随身携带的水没有了。危急时刻，小王看见一个拐弯的喇叭口形状的谷地长满了绿草，走过去一看，发现谷口处冒出一股清澈透明的泉水。小王终于依靠自己的智慧渡过了危机。

开动脑筋

1.群山的沟谷中，一般有泉水出现。连绵群山，两座山之间形成的倒三角中心位置的谷地里会有泉水流出。

2.群山中寻找洼地，水源一般在此。在野外的群山中，一定要寻找洼地，一旦发现形似喇叭口的洼地，极有可能是地表水和地下水的汇集之地。

3.岩石断层处，可能会有水渗出。野外寻找岩石断层处，沿着断层线附近的地带常有山泉水流出。

4.山腰低洼处，寻水靠得住。在山丘腰部的低洼处，由于风化作用降低，风化层变薄，再加上常有坡积的黏土等堆积，使地下水既不易下渗又不易外排，所以，自然形成有利的储水地形。

5.不要放弃干枯的河床、干枯的水池。如果野外发现了干枯的河床，不断下挖，一般能找到水。

6.如果在海边断水，一般寻找附近的沙丘。只要发现了沙丘，用力挖掘，发现潮湿的地方后，几分钟就会有淡水渗出来。

野外生存温馨提示

特殊的地形、地貌中隐藏着水，需要耐心观察，反复寻找，不要放弃，只要有足够的信心，兴许就能发现水的踪迹。

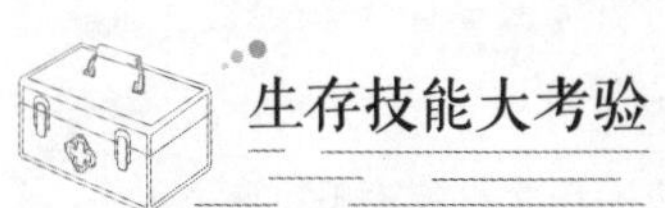

身处群山中时，应该怎么找水呢？

7 各种野菜、植物、野果中的含水量

野菜、野果中不仅含有人体需要的营养，还含有大量的水。断水时，不要慌张，发现了野菜、野果，设法把水提取出来。

一个农民进山开荒，不小心掉进洞穴里，没有吃的、喝的，只好耐心等待亲人们来救援。第二天，农民渴得难受，胡乱吃了一些洞穴里的野菜，竟然坚持了3天，终于等到亲人来救援。原来，这种野菜叫荠菜，含水量很高。

开动脑筋

1.含水量高的野菜。根据测定，含水量比较高的野菜有浮萍、水芹、蕨菜、酸模、兔耳草、野败、野葫芦、野丝瓜、龙爪芽、豆腐菜、马蹄、飞花菜、野薄荷、水葵、三角菜、荠菜等。

2.含水量高的野果子。椰子、野苹果、野梨、野桃、野沙果、山荆子、沙棘、野猕猴桃、酸枣、番石榴、野山楂、野桑仁、野柿子、野西瓜、野甜瓜、野木瓜等。

3.含水量高的其他绿植。地球上的植物很多，含水量高的有柳树的嫩芽、槐树花、嫩竹叶、芦荟、仙人掌、嫩芭蕉叶子、芦苇、野甘蔗等。

野外生存温馨提示

植物与水密不可分，有水才有它们，所以找到了含水量高的植物，就等于找到了水。

生存技能大考验

什么野菜含水量高呢？

8 保存体内的水分

人随时随刻都在消耗着水分，在断水的情况下，特别是在野外探险中，保存体内水分很重要，哪怕多保存一点点，也能延长生命。

有一年，一架私人客机因机械事故，意外迫降在非洲的一片干热的沙漠中。瑞克先生有幸爬出了飞机残骸，为了生存，他开始徒步行走，饥饿、恐怖、疾病，使他几度丧失生存下去的勇气。最令他难以忍受的是口渴，在他的周围，到处都是干裂的沙漠与戈壁，没有一滴水。快虚脱的身体告诉他，再耗费水分、再不补充水的话，就会永远躺在沙漠上了。于是，他做了一个简易遮阳帽，白天躲避太阳，尽量躺在背阴地休息，夜间行走，一句话也不说，缓慢呼吸，同时试着把自己的尿液保存起来，并强忍着难闻的味道，尝试着喝一口、两口……最终，他坚持到了有水的地方，并成功地被救援者发现。后来，他回忆说："如果当初不保存体内的水分，不喝自己的尿液，根本就无法坚持走到有水的地方，也就再也回不到故乡了。"

开动脑筋

那么，如何保存体内的水分呢？

1.缓慢呼吸，不要大口喘气。如果有手绢、毛巾，把鼻子、口包裹好。

2.行走缓慢，不能急走、

野外生存温馨提示

野外严重缺水的情况下，保存体内的水分意义重大，不能为了急于求生，而消耗体内的水分，要在保证安全的前提下求生。

急跑、蹦跳。

3.尽量找容器把自己尿液收集起来。

4.如果是炎热的夏天，夜间行走，白天休息，避免阳光照射。出门戴遮阳帽。

5.不要轻易吐出唾液。

6.适当增减衣服，避免出汗。

7.不要多说话、大声喊叫，或大笑、大哭。

生存技能大考验

夏天如何保存体内的水分呢？

第五讲

危险无处不在

——野外行走要谨慎

暑假的第一天，8岁的皎皎坐上爸爸的汽车，与爸爸一起去了坝上草原。爸爸的汽车进入丘陵地带时，忽然压上了滚落的石头，翻车了。汽车损害严重，万幸的是父女没有受伤，相继安全地钻出汽车。

皎皎第一个钻出汽车，顺着轮胎印往回走，爸爸发现后，大喊："回来，为什么着急走呢？"

皎皎停下来，说："着急回家呀，车坏了，咱们只好顺着轮胎印走回去了。"

听了皎皎的话，爸爸哭笑不得："皎皎，我们在草原中遇到危险，轮胎印只是一段，不可能全程留有印记。再说了，野外遇到危险以后，不一定要往回走，也可能需要往前、往左、往右走，才能找到能得到救助与支援我们的地方。"

皎皎似乎明白一点儿了，着急地问："那应该怎么走呢？"

爸爸点点头，认真地说："野外遇到危险，需要行走的话，要把问题想全面，对策想周全，准备充分才能走。因为，野外行走会遇到各种地形、地物，会遇到各种动物突然出现在你面前，会遇到各种天气，情况不可预测。前面是什么？危险什么时候发生？谁也不知道，这需要冷静、认真、预先有准备，不能贸然前行，以免发生不测。"

皎皎认真听着，点头说："是，是。"

1 灌木丛中行走

野外灌木丛林里的情况非常复杂，行走过程中，突发情况随时都有可能发生，危险就在身边，所以一定要有充分的心理准备。

第二次世界大战中，在缅甸作战的一股日本小分队遭到反击后，慌忙逃入了原始丛林里，然而他们很快便又遭到了毒蛇的袭击，再也没有走出丛林。

开动脑筋

在野外灌木丛林中行走，是非常危险的，那么我们应该注意些什么呢？

1.陷阱。灌木丛林里地形复杂，杂草覆盖地表，肉眼有时无法看清楚前面道路情况，隐藏的陷阱多，特别需要预防坠入陷阱。这种情况下，可以预先找一根棍子，探索着前进，以起到提示作用。

2.隐藏的毒蛇。夏天，灌木丛林是蛇生活的最佳地点，阴凉、潮湿、食物多，毒蛇隐藏在其中，很难被人发现。毒蛇的颜色与杂草、树木差不多，迷惑力强，这时我们也需要找一根棍棒，边打草边前进。同时，还要注意观察头顶的树枝上有无毒蛇攀爬。

3.预防野兽突然袭击。野兽善于伪装和隐蔽，灌木丛林是野兽的乐园，是它们的藏身之所。人在没有警惕、没有准备、没有防御的前提下走在灌木丛林中，一旦遇到野兽攻击，后果严重。所以，应时刻提高警惕，听、

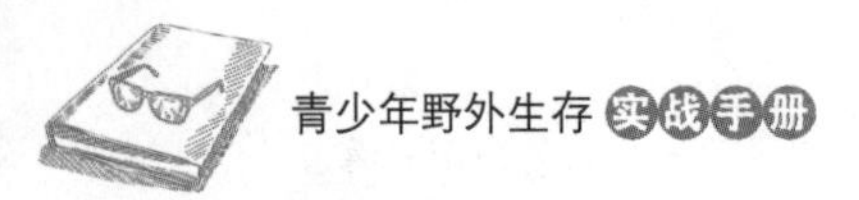

闻、看，把五官的功能全部发挥出来。行走时，手中最好拿着棍子、石头或刀摸索前进，随时准备反击，防止发生不测。

4.蜂蜇。灌木丛林中，有很多蜂在里面筑巢，无论是马蜂还是蜜蜂，只要你招惹了它们，它们就会向你发起攻击。所以，行走时要小心谨慎。如果看到了有蜜蜂飞来飞去，最好能用衣服或者其他用具把头蒙住，手臂等也不要裸露在外面。

5.注意“暗箭”。灌木丛林中有一些坚硬带刺的石头、树枝、荆棘等，都是“暗箭”，行走过程中，稍微不留心，就会被扎伤、刺伤。所以，要预先看好路线，不能盲目行走。

6.预防被毒虫叮咬。毒虫最喜欢的地方就是灌木丛林，人在里面行走，很容易招惹它们，所以要预先进行防护，最好穿长袖衣服，袖口、裤腿口要扎好，身上喷洒一些驱虫剂。

7.标记线路。灌木丛林中视野不好，容易使人迷路，所以在灌木丛林中行走时，可以在树上、石头上刻记符号，以防在迷路后可以按原路返回。

野外生存温馨提示

灌木丛林中情况复杂，甚至有很多未知的东西，应要预先了解里面的情况，提高警惕。

生存技能大考验

军军野外探险时，在灌木丛林中迷了路，他应该怎么办呢？

2 丘陵群山中行走

野外丘陵群山多，看着很美，令人向往。但是，丘陵群山里的地形复杂，特别是原始的丘陵中，可能隐藏着毒虫、野兽等，更需要加强防范，不能麻痹大意。

秋天，几个学生进山玩。由于疏忽，忘记了时间，迷失了方向。他们在丘陵群山中转来转去，走了一天一夜，最终又回到了原点。正感到恐惧时，他们幸运地被当地的农民发现，得到了帮助。

开动脑筋

在丘陵群山中行走，也需要注意一些事项，具体如下：

1.滚石。丘陵群山中的地质结构复杂，由于山体形成的年代久远，许多山体表面的石头已经风化，有点风吹草动，就容易发生滚落。所以，在丘陵群山中行走时，要眼观六路，耳听八方，远离危险的山谷、山沟、山洼等。一旦遇到滚石来袭，立刻躲避。

2.泥石流。夏天的丘陵群山中，有的地方雨水多、山泉多、暗河多，如果形成山中之“湖”，蓄水或堵塞的时间久了，一旦超出“湖”的承受能力，突然开口，水流冲击下来，将会造成巨大的损害。所以行走在丘陵地带，要预先观望，仔细听声音，闻异常气味，及时躲避或绕道行走。

3.野兽的袭击。丘陵群山中是野兽藏身的好地方，许多野兽有攻击性，如狼、野狗、熊、虎、豹、大猩猩等，为了以防万一，不要接近洞穴或动物的窝，随时携带防御武器，如棍子、刀、斧、绳等。

4.标记线路。丘陵群山中的遮挡物多，视野不开阔，不容易观察前方的情况，有时需要在山谷、山顶上走动数次，容易迷失方向，所以及早在特殊的山谷、山顶做出标记，以防迷路。

野外生存温馨提示

丘陵群山地形复杂，危机四伏，随时可能发生危险，要预先有准备，不能贸然行走。

生存技能大考验

小王和同事在野外丘陵地带执行勘测任务，突然他看见前面不远处有石头滚落，他应该怎么办呢？

3 沙漠行走

在沙漠中行走，高温与干燥、充沛的水资源、太阳的烤晒以及毒虫的伤害，都是对探险者的严峻考验。

明朝万历年间，甘肃西部地区匪患严重，明军数万人由陕西进入甘肃围剿。由于军情紧急，将士们马不停蹄、日夜兼程。刚刚进入一个山谷口，忽然天空暗下来，接着狂风怒吼，乌云把太阳都给遮蔽住了，鸡蛋大的鹅卵石被风吹得如同利箭，把明军砸得死伤过半。士兵们“鬼哭狼嚎”，惨不忍睹，被迫停止了围剿。

开动脑筋

沙漠里的环境对于人类来说是非常恶劣的，一般人都会避而远之，但是有的时候，人们又不得不穿过沙漠去做更重要的事。那么，在沙漠中行走需要注意哪些呢？

1.预防沙尘暴。沙尘暴是由于大量的沙土被强劲阵风或大风吹起，飞扬到空中而使空气浑浊，能见度很低。沙尘暴对人体伤害很大，如果不注意防范，很容易受伤、迷路。预防沙尘暴的方法是就近躲避，借助特殊的地形、地物，保护好自己的身体。注意收听当地的气象预报，调整行走时间。预先准备好防护器材，如眼镜、口罩、围脖、帽子等。

2.保证水充足。沙漠行走的困难之一就是水，如果断水了，后果严重。行走前，要计算路程、时间、饮水量，宁可少带其他物品，也应保证带足水。

3.毒虫的围攻。沙漠中的蚂蚁、毒虫比较多，隐藏得也诡秘。休息时，特别是睡觉时，不知道从什么地方就会突然出现蚂蚁与毒虫侵害你，需要特别谨慎。休息前，要观察身边的情况，必要时可以在休息地四周撒一些驱虫剂。

4.预防太阳直接照射。沙漠没有遮蔽物，白天行走时，容易被太阳直接照射，出现过敏、皮肤起疙瘩、眼睛昏花等状况，应做好遮阳准备。

5.寻找参照物。沙漠面积大，走一段路以后，容易出现弯曲现象，需要经常确定参照物，比如大石头、凸起物等，保证方向不出偏差。

野外生存温馨提示

沙漠的环境恶劣，有时看似平静，瞬间就有大变化，所以要事先做好功课，不要匆忙出行。

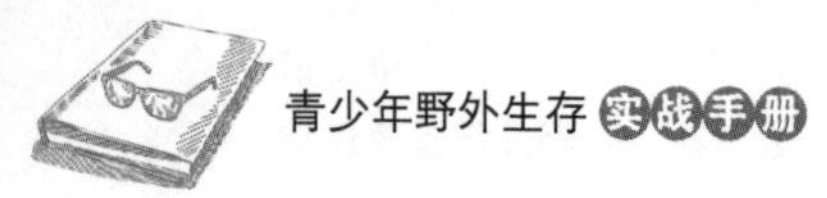

生存技能大考验

如何应对沙尘暴天气?

4 雪中行走

一场大雪过后，到处是白茫茫的一片，雪虽然给人安静、自然、美好的感觉，但是如果外出在雪中行走，就不是简单的事了，应认真对待。

11岁的小虎在海边长大，从来没有见到过白皑皑的雪。一次，他随爸爸妈妈到北方，看到了无边无际的雪，兴奋地在雪中玩了3个多小时。进房间后，小虎忽然感到眼睛看不清东西了，眼睛疼痛难忍不说，还流泪不止。医生将其诊断为“雪盲症”。

开动脑筋

1.预防“雪盲症”。太阳能够辐射出紫外线，紫外线的波长是290~400纳米。适量的紫外线照射对人体有益，但是过量、超强度照射，就会对人体有害。人长时间在雪地上活动，阳光照到雪地上，紫外线反射到人的眼睛里，容易损伤眼角膜和结膜，出现不良症状。初期，会感到双眼有异物感和轻度摩擦带来的不适，严重的会感到火烧疼痛、流泪不止、怕光，甚至会造成眼底损伤。这就是人们常说的“雪盲症”。在雪地上活动，需要戴好防紫外线眼镜，保护好眼睛。

2.预防冻伤。雪地里的温度低，长时间行走在雪地中，手、脚、鼻子、耳朵、脖子容易发生冻伤，需要穿保暖的衣服，多吃热量高的食物，增加抗寒能力。

3.警惕被野兽跟踪。雪中行走，容易留下踪迹与气味，容易被饥饿或正在觅食的动物跟踪。应留意周围情况，不能麻痹大意。

4.预防摔滚。雪的附着力差，如果行走在山坡上，稍微不注意，容易发生侧滑、翻滚，此时应采取弯腰式行走，或找一根树棍子支撑着走。

5.确定参照物。雪地里不容易识别方向，到处都一样，如果不注意观察，稍微疏忽，就会迷失方向。所以，应该选择一个由近至远的参照物。

野外生存温馨提示

雪地是温柔的，也是危险的，需要认真准备物资，事先设计好行走线路。

生存技能大考验

冬天，几个大学生一起坐车去东北看大雪，不料，半路上汽车侧翻，其中两个女同学滚落到路边的低洼坑里。坑大概有两米来深，她们爬了半天也没爬上来。请问，她们该如何自救？

5 高原行走

海拔在3000米以上的高地和山地称为高原地区，我国地形西高东低，高原地区多集中在青海、西藏、新疆、贵州、四川、云南等省（区）。高

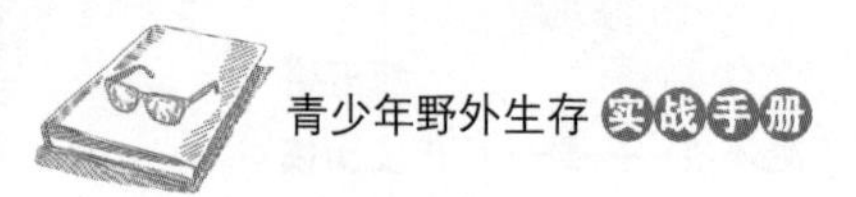

原地区紫外线强烈，空气稀薄，温差较大，人烟稀少，气候寒冷，风向多变，多风暴与雪崩。进入高原地区以后，很多人都会感到身体不适。

清朝乾隆年间，数千名清兵奉命由四川进入青海剿匪，当士兵们追致青海西部地区时，大部分都感到呼吸困难，甚至恶心呕吐。带队的将领不但没有命令士兵休息，还喝令士兵急速追击，违令者斩。

结果士兵们强撑着向前追，前后有几百人倒地身亡，死伤大半，最后导致全军覆灭。消息传到京城，乾隆皇帝顿足捶胸，仰天长叹道："天不助我啊！"

开动脑筋

1.克服高原反应。高原地区空气稀薄，含氧量少，人即便是空手行走，也会消耗掉很多能量。在高原地区行走，需要大量氧气，否则就会有头疼、恶心、没有食欲、喘粗气、胸闷、四肢无力、思维迟钝、反应慢等症状。为了安全，在高原上行走要慢，不能吃得过饱，少说话，多休息，学会放松，把行程计划得宽松一点。万一发生头疼状，也不要紧张，多适应一段时间就好了。

2.控制在海拔4000米以内的高度。习惯在平原上生活的健康人上了高原以后，一般在2000米左右出现反应，3000米的反应会加重，4000米的反应更重，严重时会出现肺水肿、脑水肿，所以尽量避免在4000米以上的地域剧烈活动。

3.增加休息时间。人在海拔1500米以上的高原行走，无论身体有无异常反应，都要增加休息时间，连续行走不应超过500米，避免阳光长时间照射。

4.适当增减衣服。高原的气温变化无常，夜间可能降低到零下数十度，白天有阳光时，中午温度可达到零上数十度，所以，行走中要根据气温变化情况，适当增减衣服，预防感冒非常重要。

5.保护面部、脖子、双手。高原紫外线强烈，风大，应戴好帽子、围脖、手套，减少阳光照射。

野外生存温馨提示

高原气候恶劣，变化无常，稍微有一点大意，可能会导致无法挽回的后果，需要特别警惕。

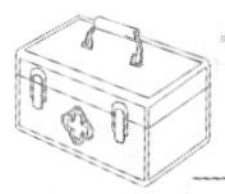

生存技能大考验

小李和几个伙伴们一起去西藏自驾游，可是还没有到达目的地，小李就开始发烧了。请问，他应该怎么办？

6 夜晚行走

夜间能见度差，不容易观察，有的路段坑坑洼洼的，有的路段泥水多，有的路段有陷阱，行走时麻烦多，发生危险的概率也大，需要倍加小心，不能逞能。

暑假，几名学生夜间去郊区捉蛐蛐。夜深了，几名学生在灌木丛中摸黑寻找，突然发现一只黑呼呼的动物，眼睛冒着绿光，发出怪叫从丛林中向他们袭来。学生们惊恐万分，大叫着，四散奔逃，后来他们的大脑都受到了强烈刺激，出现了不同程度的精神疾病。

开动脑筋

1.准备好灯光。夜间行走要准备好足够的灯光，照明设备要安全、可靠，不能间断。可以使用专用的头灯、手电，也可以使用火把、灯笼、马灯。

图 5-1　火把、灯笼、马灯

2.身穿反光好的衣服。夜间，为了便于发现同伴，看清楚同伴的具体位置，需要穿反光好的衣服。可以购买荧光衣、荧光帽、荧光手套等，也可以在衣服显著位置贴一块荧光条，便于识别。

3.边刻划边前进，多选几处参照物。夜间行走，视线不清楚，很难保证方向不出偏差，需要边刻划边前进。一般情况下，每前进5米，进行刻划，防止迷路。行进前，可以由远至近，选取三处参照物，坚持“三点一线”法前进。

4.特殊标记。夜间行走，无论什么地形，只要进入特殊地域或难以辨别的折转地点，都要做出特殊的标记，一是给后人留下

> **野外生存温馨提示**
>
> 夜间行走难度大，危险多，意想不到的事情多，对人的心理是个严峻的考验，需要认真准备，确保万无一失。

路标；二是防止自己迷路，为自己能原路返回提供依据。

5.防御武器不离手。夜间情况复杂，人一般比较紧张，反应也迟钝，对于突然袭击的野兽往往束手无策，这就需要事先准备好武器，如棍子、石头、刀、斧、拐棍、铁链子等。

生存技能大考验

夜间行走穿什么衣服好呢？

7 雾中行走

浓雾天虽然不是很常见，但是野外一旦遇到浓雾，不能马虎大意，需要保持清醒，谨慎行走，以免发生意外。

1922年的夏天，两位植物学者进入原始树林中寻找特殊植物。来到一片洼地时，忽然遇到了浓雾袭来，能见度几乎为零，匆忙中，俩人越走越深，不小心坠入了数米深的沟里。他俩都伤势严重，幸亏被当地的采药人救助，才死里逃生。

开动脑筋

1.宁肯等待，也不要冒失。在雾气里行走，最困难的就是视线被遮挡，容易走错路，迷失方向，还有可能遭到野兽的袭击。所以，行走中一旦遇到雾，在没有把握的情况下，应先停止前进，保存体力，待雾消失后，再继续行进。

2.拉绳连接法前进。遇到雾气，必须行走时，如果人多，可以用数米长的绳子间隔1米的位置，分别把各自的身体捆好或用手拉好，串联前进。

3.沿边法行走。独自行走在雾气中，可以采取沿边行走，顺着一个边，缓慢前进，不至于走偏。

4.拉杆走。雾气道路看不清，人多一起行走的话，可以找一根杆，用同一侧的手拉着走。

5.吹哨走。雾气中必须行走的话，如果身上带着哨子，人数比较多的话，可以接力吹哨，防止人员走散。

6.不断闪光。雾气中行走，应使用灯光，同时不断闪光，一是告诉对方自己的位置；二是看清楚道路；三是自我保护，吓走野兽。

7.武器不离手。浓雾使人看不到远处的东西，野兽突然出现时，临时找武器来不及，所以需要事先准备好棍子、石头、刀、斧等。

野外生存温馨提示

雾气能遮蔽视线，影响人的情绪，让人产生容易恐慌，所以要不断安慰自己，鼓励自己，给自己信心支持。

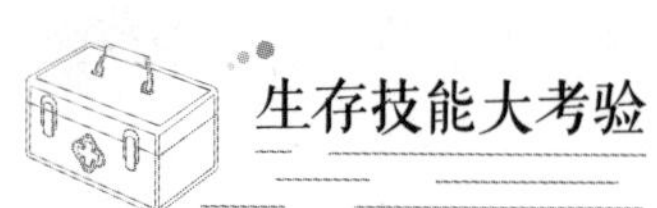

生存技能大考验

连接法行走需要什么器材呢？

8 遇到河水拦阻

行走过程中，遇到河水拦阻是常有的事，如何保证安全过河呢？需要开动脑筋，认真寻找可行的办法。

成吉思汗带兵攻打大金国，连破金国几座城池后，先头部队来到一条大河边。急功冒进的前锋官，不知深浅，率兵下河。人马当即被汹涌的河水淹没，损失惨重。

成吉思汗迅速命令部队停止过河，寻找向导，可是由于战乱，当地的老百姓早就跑了。正在发愁之际，忽然看见一群惊慌逃窜的鹿向河边跑来。

成吉思汗大呼："上天助我，跟着鹿过河。"说完，手一挥，命令精锐骑兵，紧紧盯着鹿，准确记下鹿过河的地点、线路，很快大部队沿着鹿涉水过河的地方涉水过了河，打了大胜仗。

开动脑筋

1.观察河水情况。行走过程中，遇到河挡住去路，不能紧张、害怕，应观察河水及两岸情况，如河宽、水深、流速、水清澈度、河底地质、两岸的坡度、质地特点、有无水草、淤泥等，然后断定能否徒步过河。

2.寻找桥梁。如果河面很宽，水很深，无法徒步过河，不能冒失过河，必须顺着河岸寻找桥梁，发现桥梁后，不要急着上桥，检查桥梁的安全情况，看看桥梁有无断裂、有无腐朽等。

3.游泳过河。没有桥梁、没有船，时间紧迫，必须过河时，只好游泳过河。首先必须会游泳，不能硬往水里钻。其次，寻找安全的入水点，岸边地质结构好，没有淤泥、杂草、杂物等，水流缓慢，便于入水。入水后，以蛙泳姿势最安全，远离旋涡、暗流、杂草等。遇到任何情况，都不要慌张，要保持冷静，设法解脱。

4.借助竹排。如果发现有竹子，可以用刀、斧子砍伐数十根竹子，用绳子、藤捆绑成简易竹排，帮助你渡河。

5.制造独木舟。如果发现大树、枯树，可以学古人制作独木舟，借助独木舟安全过河。独木舟的长度应不少于3米，宽度半米以上，高度0.3米左右。

6.抛绳助力过河。如果河面不宽，可以用绳子制作简易“拉助绳”。方法是把绳子前端捆上石头，抛向河对岸可以固定的物体上，要仔细检查是不是卡牢固了，而后拽着绳子过河。

野外生存温馨提示

野外行走时遇到河水拦阻不要慌张，应该沉着冷静，耐心观察，寻找过河的最安全的方法。

7.提防水中“杀手”。河水中的“杀手”不少，必须高度警惕，随时做好防御。一般能遇到的杀手是“鳄鱼”“水蟒”“蚺”“蛇”等。接近河水时，应该保持2米以上的距离，观察有无“杀手”的迹象，如果情况可疑，绝对不能靠近。一旦在水中遇到“杀手”，不要慌张，以最快的速度逃离。

8.观察动物过河情况。许多动物（马、牛、鹿、象等）喜欢水，对水有独特的亲密感。它们知道怎么过河、从什么地方过河、什么时机过河，如果你不知道能否过河，可以观察有无动物过河，只要有动物过河，顺着动物的过河线路，安全过河就没有问题了。

生存技能大考验

什么动物天生有安全过河的本领呢？

9 行走的其他注意事项

野外地形复杂，意外情况可能随时发生，有些根本无法预知，来不及采取防御手段。行走时，稍微不慎，就会遭遇危险情况。

有一年夏天，学生珍珍与爸爸到山里游玩，路过一条山谷前，一位老乡说半小时以内可能有雷阵雨，引发泥石流。她和爸爸看看天空，很晴朗，认为老乡吓唬他们。继续前进，刚好半小时，雷阵雨来了，山谷果然出现了泥石流，珍珍和爸爸都受了重伤。

开动脑筋

1.选择好道路。第一，最好选择平坦、干燥、坚硬的土路面，也可以选择有日光照射，杂草生长并不太茂密的地域行走。第二，应远离崎岖不平的山谷、已经风化的峡谷，不靠近发霉、潮湿、阴暗的地域，不宜在杂草丛生、终日不见太阳的地域长时间走动。第三，最好绕行沼泽地、野兽经常出没的地域、蚊虫较多的地点和可能会发生泥石流的路段。

2.时间是关键。为保证顺利行走，通常情况下要考虑以下几个问题：一是避开太阳直射、高温、烈日炎热的时间段，以防止体力消耗过大，发生中暑。二是回避野兽与毒虫的出没时间。一些野兽与毒虫的活动是有时间规律的，在某一时间段，野兽与毒虫活动频繁，攻击力强，需要加以警惕。三是避免夜间行走，必须在夜间行走时，要注意照明，缓慢行走。

3.掌握天气与地质灾害的变化。天气不好，最好暂时停下来。如强行在大雨、沙暴、雷电、泥石流、山体滑坡的时间段里行走的话，可能会造成意外伤害。

4.控制速度。走路的速度要平稳，不能剧烈。走得太快，体力消耗大，大脑高度紧张，容易造成疲劳。行走速度应根据当时的地形、气候、时间、环境与危险情况而定，不是千篇一律的。可以随时调整，随机而定，务必保证安全。

野外生存温馨提示

野外行走确实有很多学问，不要犯急躁病，失去理智地“快马加鞭”，只有科学掌握与控制速度，并且做好事前的防范准备，才能保证平安前行。

第六讲

生存大考验

——必须掌握的急救与防治本领

8月初的一天，10岁的乐乐和妈妈去郊区，准备进行“远足”健身活动。走进山区灌木林中，乐乐比妈妈走得快，遇到了很多蚊虫的“追击”，赶又赶不走，十分恼火。

妈妈从后面赶上来，看到乐乐生气的样子，关心地问：“怎么了？是不是被蚊虫包围了？”

乐乐看着眼前的蚊虫，气愤地说：“是，太讨厌了，一直追着我。”

妈妈不慌不忙，拿出一盒清凉油，给乐乐的身上、衣服上抹了许多，不一会，蚊虫就飞跑了。

乐乐高兴地问：“妈妈，你怎么这么厉害，知道带清凉油！”

妈妈微笑着说：“我不仅带了清凉油，还带了药品、绷带等，以防万一。野外生存最大的敌人就是伤病，如果生了病、受了伤，得不到迅速、有效治疗和处置，轻者会痛苦，干扰心情，重者会危及生命。”

乐乐听着妈妈的讲述，认真地问：“妈妈，野外容易发生那些伤病吗？”

妈妈认真地说：“因为野外多山川、树木、杂草、河流、沟渠、寒冷、雷、雨、电、雪、狂风、沙尘、烈日，有些地方适合于蛇、蝎、蚂蟥、蚊蝇、老鼠等动物的繁殖活动；有的地域杂草、腐叶、动物的粪便堆集在一起，使细菌、微生物大量繁殖，增加了某些传染病的感染率；有的地方地形复杂，容易发生意外，人员进入这些地区，如不注意安全、卫生，非常容易感染发病，或者发生意外伤。”

乐乐问：“妈妈，野外会不会遇到毒蛇和其他危险动物呢？”

妈妈微笑着说：“野外灌木丛是动物的天堂，人在这些地方活动，会经常遇到毒蛇、猛兽和蚊虫，如果你没有充分的思想准备，或是轻视了它们的存在，就可能给自己造成极大的被动。所以要了解它们的习性，掌握它们的活动规律，这样才能使自己始终处于主动的安全状态。”

乐乐看着妈妈，又问：“妈妈，野外真的伤了、病了，是不是很危险呢？”

妈妈摸着乐乐的头，认真地说：“很危险，一旦没有药材，确实危险。一个人孤独地在野外活动，本身就影响人的心理，如果再患上某些疾病，在没有任何药品和医疗器械的情况下，很难坚持下去。乐乐，野外生病、受伤，你是眼睁睁地等待死亡呢，还是学会自救、自治，为自己创造生的希望呢？”

乐乐举起双手，大声说：“这还用说，一定是学会自救、自治，为自己创造生的希望。妈妈，您给我讲一讲这方面的知识吧。”

妈妈高兴地说：“好，你好好听。”

1 指甲伤了怎么办

野外活动时，一旦指甲受伤，如果不及时处置，将会影响手（脚）指的功能，严重时还会使手（脚）残疾，丧失劳动能力。所以，要引起重视，正确处置。绝不能用脏东西包扎，以防止感染。

8岁的兰兰和妈妈去旅游，在荒山上采摘野花时，大拇趾不小心被石头砸伤。大拇趾周围流血，她用脏手绢把大拇趾包了起来，继续采摘。回家以后，她用橡皮膏贴了一下，也没有对妈妈说。过了几天，大拇趾周围红肿化脓，异常疼痛，妈妈赶紧带她去医院治疗。医生诊断为甲沟炎导致的指骨骨髓炎，有可能要截去大拇趾。听说可能把大拇趾截去，兰兰流出了悔恨的眼泪。

开动脑筋

野外生存温馨提示

野外活动中，抓、拉、抱、拿东西时，要特别小心，不要伤到指甲及指甲周围的软组织，以免引起感染。

1.正确认识甲沟炎。甲沟炎是指甲一侧周围组织的化脓性感染，指甲下也可能出现脓肿。主要由于指甲受到轻微损伤后，周围组织被病菌感染引起的。开始是轻微的疼痛、红肿，如果治疗不及时，继续发展可能会导致指甲下发生脓肿，甚至手（脚）指指骨骨髓炎。

2.积极治疗。指甲周围受轻伤后，要对伤口进行认真消毒处理，避免污

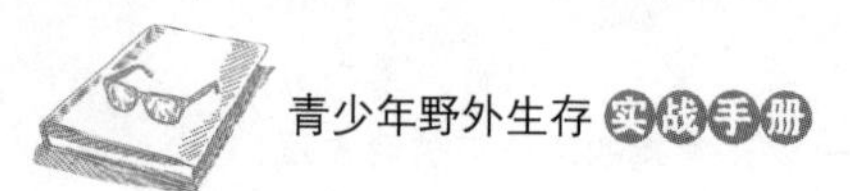

染。早期，指甲周围未化脓时可以热敷或涂抹消炎药。如果化脓了，要及早去医院进行引流，彻底排除脓汁。如果指甲下发生脓肿，将指甲拔除引流后，要保护好甲床，使指甲再生。

2 水土不服怎么办

野外随意喝水、吃东西，会使饮食结构发生改变，导致肠道菌群紊乱而引起消化道功能失调，我们称之为水土不服。

有一年夏天，学生小敏与妈妈去南方旅游。她们欣赏着美丽的山、清澈的水、翩翩起舞的蝴蝶，吃着农家饭，喝着山泉水，坐卧在草地上玩，之后又下河抓小蝌蚪。可是三天后，小敏满身起了红疙瘩，特别痒。去当地医院检查，医生诊断为“水土不服”。后几天的旅行中，小敏什么兴趣都没有了。

开动脑筋

水土不服是可以克服的，一般不需特殊治疗。一旦出现了水土不服，可以采取以下措施。

1.正确对待，保持镇静，不要紧张。要从思想上认识到这是由于环境突然改变而产生的身体不适应，只要休息几天，熟悉一下周围环境，让人体生理功能作相应的调整，主动消除紧张心理，这些不适症状就会逐渐消失。

2.睡前饮用蜂蜜。中医认为，水土不服的发生与脾胃虚弱有密切关系，

蜂蜜不仅可以健脾胃，还有镇静、安神作用。因为蜂蜜中所含的葡萄糖、维生素以及磷、钙等物质能够调节神经系统功能紊乱，从而促进睡眠。蜂蜜对于治疗因环境改变而引起的肠道菌群失调造成的便秘疗效也很好。

3.多喝绿茶、菊花茶。茶叶中含有多种微量元素，可以及时补充当地食物、水中所含微量元素的不足；茶叶还具有提神利尿作用，能加速血液循环，有利于致敏物质排出体外，减少荨麻疹的发生。

4.遵医嘱，吃一点治疗腹泻的药物。一旦因水土不服而腹泻时，应及时看医生，服用止泻药，并注意调整个人饮食。如果回来之后腹泻仍然不止，可以吃些酸奶，因为酸奶中的乳酸菌可以在肠道内定植，从而取代其他不是原来肠道中的部分细菌。当肠道菌群恢复平衡状态时，腹部不适和腹泻症状也就会随之消失。

> **野外生存温馨提示**
>
> 如果水土不服的症状较轻，平和心态很重要，千万不要紧张，更不能胡思乱想，以免加重病情，同时可以根据当时的情况，选择喝蜂蜜水或者茶水，甚至去看当地的医生。

5.科学饮食。很多人还会出现咽喉疼痛、口腔溃疡、鼻出血、便秘等“上火”症状。应尽量保持原有的生活习惯，作息正常，选择与原来口味相近的食物，少食辛辣，多吃清淡的果蔬及粗纤维食物，多喝温开水。

生存技能大考验

为什么会发生水土不服呢？

3 患了疟疾怎么办

疟疾俗称“打摆子”，是由疟原虫经蚊叮咬后传播的寄生虫而引起的传染病。野外活动中，进入人体的疟原虫主要是通过蚊子的吸血叮咬，把疟原虫注入人体血液中造成的。根据传染病流行学的研究，发现我国大约有12种蚊子能传播这种疾病。

暑假，学生沈红与妈妈到郊区居住。郊区池塘里的鸭子特别多，山旁边的鲜花、树木也多，她每天看不够，特别高兴。一天上午，她穿着短裤在池塘边玩。出门前，妈妈让她穿长袖衣服，涂抹点花露水，她没有照办，我行我素。不小心，被蚊子咬了几个疙瘩。

中午下山后，担心妈妈说自己，沈红没有告诉妈妈，没有进行处理。晚上沈红开始感到寒冷，全身发抖，面色苍白，恶心、呕吐、高烧，全身无力。

妈妈吓坏了，提前返回，带她看医生，诊断为疟疾。治疗了半个月，沈红受了很多罪，才恢复了健康。

开动脑筋

1.自我诊断。初期出现精神疲乏，微微发热，四肢和背部酸痛等。接着就会出现急性发作症状，感到寒冷，全身发抖，面色苍白，伴有恶心、呕吐。经过20~30分钟后开始发烧，面色潮红，头痛，四肢和全身酸痛，3小时后，全身大汗淋漓，体温迅速下降，感到全身轻快，但非常疲乏与无力，这种症状，一般是一日一次或者是两日一次。病情严重时，还会精神

恍惚，烦躁不安，抽搐。如果不及时治疗，死亡率很高。

2.认识危害。发了几场疟疾后，由于破坏了大量的红细胞，很快就会出现贫血症状，长久不治疗，身体会逐渐衰退，面黄肌瘦，全身无力，脾脏肿大，严重影响人的健康。

3.预防与治疗。野外活动，注意防蚊，晚上最好使用蚊帐、驱蚊草药。主动消灭蚊子，注意环境卫生。民间有很多治疗疟疾的偏方，一旦发生疟疾不要害怕，要主动寻找草药。民间常用的办法有：一是柴胡桂姜汤。二是常山半夏汤。三是鸡心槟榔6克，切成薄片，放入茶杯里用开水冲泡，然后在放入开水锅里煮5分钟，水温凉后，代茶喝。

野外生存温馨提示

如果野外患上了疟疾，确实没有任何药品治疗的情况下，不能坐以待毙，要采取土办法，积极治疗，坚定信心，主动与疾病斗争。

此外，中医对治疗疟疾也有效果。取疟门穴、液门，于发作前2小时施针，用强刺激手法。

4 被蚊子叮咬后怎么办

野外蚊子很多，被蚊虫叮咬以后，不能轻视，更不要置之不理，以免造成严重感染，发生不可挽回的后果。一些蚊虫的毒性很强，带有很多病菌（乙脑、猩红热、疟疾、伤寒、霍乱、鼠疫等），人被叮咬以后，各种致病病菌会进入人体血液里，导致人体发病。

7岁的慈慈穿着短裙在小河旁边抓蝌蚪，不知道被什么东西叮咬后，

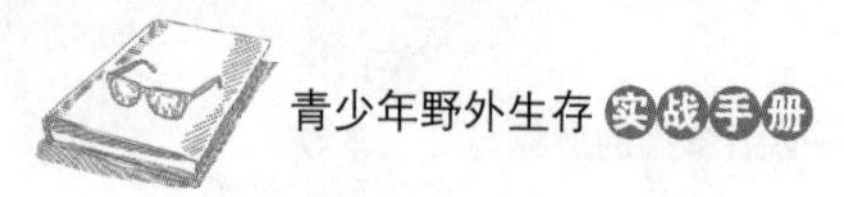

大腿、胳臂上起了好几个疙瘩。她没有在意，继续在水边抓蝌蚪。河里的水很脏，把疙瘩污染了。回家后，疙瘩开始发炎，很痒。她用力抓挠，抓破了好几处。有两个疙瘩感染化脓，散发出难闻气味。夜间，她开始发高烧，说胡话，甚至还抽搐起来。家人赶紧把她送到医院，抢救了好几天，才转危为安。

开动脑筋

1.预防最重要。野外活动时，保持皮肤清洁和干燥。夏季蚊虫多，更要讲究卫生，出汗后应立刻清洗干净，以免招来蚊虫；要尽量穿长袖衣裤，不要在杂草里、不干净的水边活动；远离牲畜圈养地、垃圾站、污水井；可以将驱除蚊虫药液预先涂抹在衣服上、被子上、褥子上，也可以使用清凉油、花露水涂抹；睡觉时要挂蚊帐，或点蚊香。夜间在外面活动，最好要减少灯光的使用，以免招来蚊虫。

2.认真处理。一旦被叮咬以后，无论是什么蚊虫，不能用手抓挠，更不能让疙瘩受到污染，注意用干净的水彻底清洗伤口，并涂抹有消炎作用的药，注意保护伤口，以免引起感染。要注意观察伤口情况，当感到身体发烧、头昏、无力时，停止野外活动，就近到医院检查。

3.小偏方。可以抹清凉油、花露水、消炎止痒液；也可以把一头大蒜捣碎，涂抹在伤口处。

野外生存温馨提示

被蚊虫叮咬以后，要及时处理伤口，不能拖延。如果严重，要及时告诉家长，让家长带着去看医生。

5 皮肤生了癣怎么办

癣其实就是感染性皮肤病，它是通过真菌寄生于皮肤、毛发、指甲而引起的皮肤病。常常通过帽子、枕头、衣服、鞋袜、腐烂的植物、阴暗潮湿的地域、动物的皮毛而传染，真菌在一定条件下生活力强，传染性大，传播的途径多。它是一种常见的皮肤病。

野外环境复杂，由于人的抵抗力下降，皮肤也因出汗，不能及时清洗等原因，给霉菌与真菌造成入侵的机会。霉菌与真菌通过媒介侵入到健康人的皮肤表面时，如果消毒不及时，就会造成健康人皮肤发病。癣的传染方式单一，为直接接触式。

兰兰参加了一次“吃苦夏令营”活动，每天出很多汗，还要在杂草丛生的场地里训练卧倒、查找情报、探测地雷、挖壕沟等，累得身体吃不消。晚上同学们都去洗澡，她不想动，躺下就睡觉。7天活动结束后，衣服没有换，澡没有洗一次，身上都有味了。

返回的当天，兰兰的身上（前胸、大腿内侧）就开始发痒，起了很多小红点，表面还有一些鳞屑，有时疼痛难忍。由于她是单亲家庭，妈妈不在身边，不好意思向爸爸说，就自己强忍着。慢慢地头上也出现了，还散发出臭味。与她密切接触过的同学也出现了这一症状，几个同学因此耽误了学习，后来吓得同学都躲着她走。

她的皮肤病越来越严重了，癣的面积增大，部位增多，感染严重，最后不得不接受住院治疗。

开动脑筋

1.认识癣的症状与危害。癣因部位不同，可以分为体癣（身体任何部位的癣）、头癣（顾名思义，它寄生长在头皮上）、手足癣（在手掌与脚底）。主要症状是：开始为红色扁平，渐渐发展为浅红色斑块，表面有少量灰白色鳞屑附着。发展时，向外扩展成环状，带有小丘疹、水疱和较多的鳞屑。感觉瘙痒、异常。有的头癣患者感到疼痛，肿胀，还流出脓液，发出特殊的臭味。

2.积极预防。预防癣十分必要，应该自觉养成良好的卫生习惯，定时将自己的物品消毒，经常洗头、洗澡、晒太阳。此外，民间有很多治疗癣的偏方，有很多草药对癣也有抑制作用，平时可以多了解一些这方面的知识。

> **野外生存温馨提示**
>
> 野外卫生条件差，环境复杂，适合于各种病菌、病毒的繁殖与生长，稍微不注意，病菌就会趁机侵入人体皮肤，使之感染。

3.保持警惕性。大自然里的许多地方环境比较恶劣，卫生条件也非常差。野外活动时，衣服最好多穿一些，不要过于外露皮肤，不要随意接触动物的皮毛，手、脚、头要常洗，经常洗澡，保持身体卫生。不要随意抓捕动物、昆虫，在草丛里休息时，也要注意卫生等。

6 脚磨泡怎么办

野外道路崎岖不平，行走中如果不注意正确的姿势，鞋不合脚，鞋垫与袜子不平整或鞋里进了沙石，长时间发生摩擦，就会磨出脚泡。

周末，学生张力和妈妈到郊区旅游。他来到荒山上捕蝴蝶，由于鞋是新买的，穿着很不舒服。他在山上没走多长时间，脚就磨出了三个大血泡。

张力很烦恼，脱下鞋，光着脚走，突然被深埋在地下的一节树棍扎了一下，将血泡及脚底部的肉扎破，伤口很深，而且是闭合的，没有怎么流血。当时他没有引起重视，随便找了一块不干净的布包扎好，继续捕蝴蝶。

回家后，他忘记跟妈妈讲，结果几天后，他开始发烧，而且还高热不退。经检查，医生说张力得了破伤风。

开动脑筋

野外生存温馨提示

野外求生，需要长时间行走，出现脚泡是很正常的事情。磨出了脚泡后，应该及时处理，不要等到问题严重了再想办法。注意，不要使用不干净的木棍、铁丝扎破脚泡，以防止发生感染。

1.科学预防。一是行走速度要均匀，步伐要平稳，要全脚平稳着地，侧脚着地很容易引发脚泡。二是鞋的大小、肥瘦要适中，太小、太瘦，会出现挤脚现象。鞋太大、太肥，则会出现撞击现象，也容易磨出泡。最好穿半新半旧的鞋。三是当发现鞋里进石子、沙子时，要马上倒出去。四是袜子与鞋垫要平整，软硬适度，不要有皱折。五是休息时，尽量用热水泡脚，可以预防脚泡的产生。六是选择平坦的地点落脚，不要踩在石尖上。

2.起泡后的处理。先用温水洗脚，再用热水泡脚，而后把一根干净的针或者尖铁丝用火烧1分钟，彻底消毒后，把泡扎破，让液体自然流出，最后用干净的布包好，适当休息就可以了。

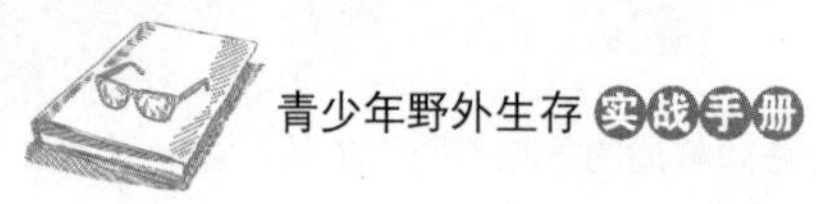

7 烂脚丫怎么办

烂脚医学上也叫脚癣，长时间在野外行走，脚底及趾缝间会出很多汗，使霉菌大量地繁殖起来。

患了烂脚后，一般脚趾间起数个水泡，位置较深，严重时还会烂得流水，常有胀痛感，甚至痛得影响人的正常行走。烂脚是具有传染性的皮肤病，要引起注意。

11岁的小华不得不住院治疗，因为她的脚丫子化脓感染，已经无法走路了。

之前，她与同学到郊区参观农场，穿了双皮鞋，脚丫子被挤得感染化脓。她没有在意，回家后继续像往常一样去游泳。

妈妈劝她不要去，她仍坚持去，结果脚丫子严重感染，烂得发出了臭味。尤其是小拇指更严重。妈妈把她送到医院后，听了医生的诊断，小华吓得哭了半天。

开动脑筋

1.重在预防。过去的“赤脚医生”对付烂脚很有经验，现介绍几种他们的主要做法：一是科学走路，不要长时间让脚受力，保持脚的血液循环通畅；二是经常洗脚，洗袜子，并严格消毒；三是穿的鞋子与鞋垫要经常清洗干净，并在日光下暴晒，彻底消毒。

2.积极治疗。一是每天用热水洗脚，保持脚的干燥，最好用适量的盐水

洗。二是用草药涂抹患处，效果很好。如把生大黄、雄黄捣碎，涂抹患处；把烧焦的大枣与黄柏混合在一起，涂抹患处；把土豆捣碎，涂抹患处；把明矾研末，涂抹患处。

野外生存温馨提示

野外活动中，一旦发生烂脚后，要注意消毒与保持干燥，以防止发生严重感染。

8 生了冻疮怎么办

冬天室外寒冷，特别是长城以北地区，最冷的1月份平均气温都在零下10摄氏度以下。最低气温可以达到零下30多摄氏度。如果长时间暴露在外，没有很好的保暖措施的话，就会生冻疮。

有一年冬天，生长在南方的苏芽来到东北看姑姑。恰好遇到下大雪，苏芽看着漫天雪花，高兴地与表哥一起堆雪人、打雪仗。姑姑让她多穿点，戴上帽子。她不以为然，坚决不穿，也不戴帽子。

她在零下22摄氏度的雪地里待了5小时，感到耳朵发硬，用手一摸，吓了一跳，耳朵冻硬了。她赶快跑回家，用开水把热毛巾浸湿捂耳朵，结果耳朵竟然溃烂了。

开动脑筋

1.认清冻疮是怎么发生的。由于天气寒冷，长时间活动在零度以下的环境之中，没有很好的保暖措施，体质虚弱、饥饿疲劳、伤后失血、活动受到限制，人体局部血液循环不畅从而导致冻伤发生。

2.常见冻伤的特点。常见的冻伤主要发生在肢端、关节、皮肤暴露多的部位，开始是局部红肿，有肿胀感觉，发痒。有的部位出现水疱，甚至溃破，渗出黄色液体。如果治疗不当，就会持久不愈，甚至会造成局部组织坏死。

3.积极预防冻疮。一要注意保暖，特别是对手、脚及耳廓要认真加以防护。鞋与袜子不要太紧，以免影响血液循环。二要注意运动，不要在一个地点长时间坐卧。经常揉耳廓、搓脚、搓手、踏步活动。三要经常用温水泡脚，促进血液循环。可以用适量的生姜、辣椒煎水，趁热浸泡20分钟。四要改善食品结构，多吃一些含有脂肪、蛋白质和维生素高的食物，提高身体素质，增强抵抗力。

4.科学治疗冻伤。一旦生了冻疮，要及时治疗。用温水浸泡后，局部揉擦，可以改善局部的血液循环。民间常用的偏方是：辣椒、茄子秆一同煎水，趁热浸泡；黑胡椒粉9克，放入温水里，清洗患处；生白萝卜煨热，切片后擦患处。

野外生存温馨提示

在寒冷的野外活动时，对冻疮的预防应引起重视，注意保暖、饮食、运动与保健。睡觉时，要注意用草、垫子把地面垫厚实，盖的东西要牢固，可以烤火取暖，但要注意防止煤气中毒。注意当冻疮发生了溃烂后，要注意控制感染。可以找些草药涂抹患处，包扎好。

9 脾胃不和、消化不良怎么办

野外吃的食物比较杂，经常是饥一顿、饱一顿，而且以生食居多，消化液分泌发生紊乱，所以肠胃难以一下子适应。胃的容量是有限的，也有自己的活动规律。当强迫它超负荷运转时，就会破坏胃黏膜，干扰正常的胃蠕动，影响消化。

一天，学生石鹃与杜霞在灌木丛林里摘酸枣，突然在一片树林中央发现了一棵李子树，树上结满了李子。两人采摘了许多李子，各自吃了十几个，感到胃部胀痛，才住口。20分钟后，两人感到胃部疼痛难以忍受，去附近的医院检查，并吃了医生开的药，才好转起来。

开动脑筋

1.要有良好的饮食规律。野外吃东西时，要注意食物的生冷，确实保证安全、卫生、适量。在保证生命的前提下，合理膳食，注意食物的结构是关键。从医学角度来讲,生冷食品对肠胃有刺激作用，如果吃得过量、过快，就会造成消化系统的功能下降，甚至出现胃肠痉挛等。

> **野外生存温馨提示**
>
> 野外的食物尽量加热吃，有条件的话应该多吃容易消化的食物。不管什么时候，不要狼吞虎咽，也不要吃不干净的食物。

2.注意保暖。脾、胃怕寒，野外没有特殊情况，务必注意及时更换衣服，休息时注意盖好肚子，不要受凉。

10 扭伤脚怎么办

在野外活动中，扭伤“脚脖子”是比较常见的，要引起重视，不能马虎，掌握正确处理的方法很重要。

9岁的小刚和家人去旅游，爬山时，不慎滑倒，两个“脚脖子”都扭伤了，肿胀如面包。他顾不上疼痛，双脚踩地，拼命爬起来，结果再次摔倒。家人急忙送他去医院，医生看完他拍的片子，诊断为骨折，脚踝周围的神经也严重挫伤。经过几个月的治疗，最终还是留下了瘸脚的后遗症。

开动脑筋

1.认真检查周围环境，及时发现安全隐患。野外活动时，不能马虎大意，应当认真观察道路，安全行走，以便心中有数。

2.保持镇静。发现脚踝扭伤以后，不要着急站起来，更不能再让受伤的脚踝受力，也不能马上按摩、扭动，以免造成大出血、神经系统或骨折处的骨头二次受伤。

3.把损伤程度降到最低。正确的处置方法是：不让受伤的脚踝着地，用单脚或者匍匐姿势，到安全地点查看伤情。慢慢活动一下，如果感觉不严重，可以采用冷敷的办法处理。两天以后采取热敷，促进血液循环。局部疼痛时，可以在24小时后，贴上虎骨伤湿膏，涂抹正骨水，注意休息。如果伤势很重，疼痛难以忍受，根本不能转动，可能有骨

野外生存温馨提示

野外活动过程中，要注意检查周围安全情况，不要鲁莽行事，随时做好预防工作。

折发生，此时一定不能乱动，立刻把扭伤的脚垫高，请人帮忙尽快冷敷处理，同时向别人呼叫，及早去医院，以免造成严重后果。

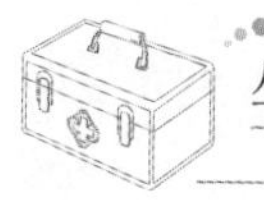

生存技能大考验

扭脚后能马上站起来吗？

11 不小心扭到腰怎么办

野外腰部扭伤不是小事，务必认真对待，因为腰椎很娇嫩，周围神经很多，受到损伤后，不及时恢复治疗，可能会留下终身的痛苦。

14岁的小茹跟妈妈一起去野长城玩，攀爬时，突然踩空，摔了一下。她感到腰扭了一下，很不舒服。但为了看野长城的真容，她坚持着继续攀爬。回家以后，她觉得不严重就没有告诉妈妈，坚持上学，参加跑步。就这样，她的腰持续疼了一年多，最后背都有些驼了。医生说是陈旧性的腰椎错位，会在一定程度上影响身体发育。

开动脑筋

1.不要硬撑着。野外不慎扭伤后，先判断有无骨折，有骨折时，按照骨折处理；无骨折时，应该仰卧在硬板床上，好好休息几天，不要再次受力。要注意保暖，不能受寒。

2.正确治疗。24小时之内不要采取热敷、拔火罐或推拿等辅助治疗办法，以免引起局部血管扩张，容易发生渗血和加重水肿。24小时后，可以采用按摩、针灸、拔火罐等传统治疗方法，能起到舒筋活血、止痛的作用。

野外生存温馨提示

野外情况复杂，无论做什么，都要注意安全，特别是爬高、跳跃、跑步等剧烈活动时，更应该注意安全第一，不逞能。

12 鼻子出血怎么办

野外活动过程中，鼻子出血比较常见。轻微的外伤出血好办，其他原因引起的出血就要注意了。如：肿瘤、鼻腔炎症、鼻息肉、鼻溃疡、贫血、白血病、血小板减少、高血压、急性传染病、维生素缺乏和各种中毒等。

灌木丛中，8岁的朋朋行走时，不小心碰到了鼻子，鼻子流血不止，吓得她大哭大闹，致使鼻血流得更多。妈妈赶过来，稳住了她的情绪，帮助她正确止血，才避免了严重问题发生。

开动脑筋

1.保持镇静。鼻子出血时不要紧张，要放松身体，减轻压力，暗示自己没有事情。

2.正确止血。采取半坐姿势，头向前倾，不要向后仰，以免使血流到口里，如果鼻子里没有凝固的血块阻压出血点，出血会更多。鼻部及前额部

用冷毛巾敷贴，使血管收缩，减少出血。用手指将鼻孔紧紧压向鼻中隔，几分钟就可以止血。在棉球上滴些滴鼻净，塞入距离鼻孔1厘米左右的地方，再加以压力，效果更好。如果出血不止，可以将卷好的凡士林纱布塞入出血的鼻腔内，很快就能止血。不能以把脏布塞入流血的鼻腔里，以免引起感染。

3.处处提防，事事小心。野外攀爬、打闹、玩耍时，稍微不注意就可能伤到鼻子，所以平常的行为要稳重，不要随意玩闹。

野外生存温馨提示

鼻子是呼吸系统的前沿，是保护喉咙、支气管、气管、肺部的第一道防线，对身体健康起着至关重要的作用。只是因为外伤出血，不必紧张；如果是其他原因引起的出血，就要及早去医院了。

4.养成良好的卫生习惯，克服不健康的行为。野外活动时，应杜绝挖鼻孔的坏习惯，如果鼻子痒痒，不舒服，可以用干净的手绢轻轻擦揉，可以缓解症状。流鼻涕时，要用干净、柔软的卫生纸轻擦，不要用力捏挤鼻子，以防止鼻粘膜及毛细血管遭到损坏。

13 哮喘突然发作怎么办

野外空气中含有引发哮喘的物质多，需要特别当心。哮喘病发作后，不要紧张，要保持身体平衡，不能摔倒，以免发生不测；要尽快到空气流通且新鲜的地方休息，让心情平静下来。

春天，13岁的丽霞与妈妈去郊区采摘野菜，采摘了一会，丽霞忽然感到呼吸气短促，胸口闷压，喉咙里发出噌噌的声音，口唇发紫，恶心，冷汗直冒，样子很吓人。妈妈吓得血压高了起来，急得双腿发软。路人发现后，赶紧拨打了“120”电话，经过医生紧急治疗，丽霞的病情得到了控制。

开动脑筋

1.了解哮喘发作的原因。呼吸道感染，引起支气管炎；一些物质、宠物引起的过敏；焦虑与兴奋过度等，都可能会引发哮喘。知道了诱发原因，可以有针对性地进行预防，管住自己的嘴与鼻，积极治疗呼吸道炎症，控制情绪，不大喜大悲。

2.迅速去除过敏原等诱因。把哮喘者安排到空气新鲜的地方休息，同时积极安慰患者，消除并稳定其紧张、焦虑和恐惧情绪，立即停止野外活动。

> **野外生存温馨提示**
>
> 哮喘发作起来很凶猛，要事先有所防备，及早戴好口罩，认真选择行进路线，认真选择活动地域。

3.野外活动，应远离花粉多、空气不好的地域，尽量在空气流通的地域活动。预先准备好抗哮喘药，发病时，迅速服用。

14 被脏物扎伤怎么办

野外一旦被脏物扎伤后，务必高度重视，把握一个原则，不管是任何损伤，都不能以土、破布、脏手绢等东西堵塞、包扎伤口，以免发生破伤风，造成无法挽回的后果。

暑假，小花与家人去郊区的树林里玩。她的脚被土坑里的一根生锈的钉子扎破，伤口有1厘米深，却没有流血。她担心妈妈责备，未敢告诉妈妈，也没有上医院打破伤风抗毒素针。9天后，小花开始发病，后果比较严重。

开动脑筋

1.看清破伤风的面目。当破伤风杆菌污染了呈现为内伤深外口小，引流不畅，且伴有组织缺血坏死或有异物存留的伤口后，在失活组织里，在无氧的条件下迅速繁殖生长，同时产生大量毒素，引起一系列的特异感染。这种细菌的外面有一层保护膜，因此它的抵抗力强，不容易被消灭。其实，许多破伤风患者如果得到早期的正确治疗，通常是不会发生问题的。破伤风杆菌一般生存在泥土、竹木、瓦片、铁锈中。

2.侵入人体方式。主要是通过伤口侵入人体。野外身体被瓦片、石头、铁钉、木棍、草刺等割伤或刺伤后，破伤风杆菌就会乘机而入，在缺氧的环境中，大量繁殖，产生痉挛毒素。

3.预防与治疗。一是保护好皮肤。在外活动，要提高警惕，遇到容易伤害皮肤的脏东西，应远离。二是正确处理。以最快的速度清理伤口，不宜缝合。先用干净的清水清理出伤口中的泥土或其他异物，再用碘酒消毒。如果没有碘酒，可用盐水反复冲洗。三是迅速补救，争分夺秒。受伤后，特别是伤口较深、较脏时，要停止野外一切活动，迅速到医院注射破伤风抗毒素。

野外生存温馨提示

为了安全起见，去很远的地方活动时，应在医生的指导下按时注射。预防注射时，药量的大小、过敏反应须按医生的医嘱进行，以防发生不测。

15 耳朵里进了虫子怎么办

野外活动时，耳朵进虫子是常有的事，不要紧张，控制好情绪，巧妙地把虫子“请”出来。

暑假期间，大海与妈妈外出旅游，爬一座名山看日出。半山腰，路过一棵大树下时，突然感到耳朵里钻进了一只小飞虫，痒痒得难受。他特别紧张，脸色惨白，大叫起来。他用手使劲掏，可越掏虫子越往里钻，手指摸不着了，就找来一根细树枝掏，结果虫子冲进耳朵深处，损伤了鼓膜及内耳神经。

开动脑筋

1.保持镇静，不能忙中出错。遇到这种情况，要冷静，更要理智对待。如果你用力掏，虫子就会拼命往耳朵里钻，最后可能会把鼓膜弄破。

2.光线引诱法。走到到暗处，使用手电光照射耳朵，也可以用点燃的煤油灯、蜡烛放在耳朵附近，用光亮把虫子引诱出来。

3.淹法。立刻往耳朵里滴几滴香油或白酒，虫子怕淹，一会儿就会慢慢爬出来。如果爬不出来，就会闷死在里面，这时要把有虫一侧的耳朵偏向一侧，用手拉着耳轮向后脑方向，边拉边摇，让虫子随油流出来。如果油流完了，虫子还没有出来，姿势不变，用手掌捂严耳朵口，紧捂猛松，靠吸力把死在

野外生存温馨提示

不能用手、树枝、火柴棍、卡子、铁丝、牙签等掏挖耳朵里的虫子，以免使虫子受到惊吓，冲进耳室，损害耳神经。

里面的虫子吸出来。

4.烟熏。让家长点燃一支香烟，放在耳朵附近，把烟雾吹向耳朵里，把虫子呛出来。如果上述方法无效，要尽快去医院。

16 内脏脱出怎么办

野外容易发生意外伤害，刮伤、扎伤、烧伤、内脏脱出流血……一旦受伤后，特别是内脏脱出时，只要冷静，处置正确，一般不会危及生命。如果发现内脏脱出时，不能克制自己的情绪，失去理智，会造成更加严重的后果。

两位驴友骑摩托车进深山拍照，一个急转弯，摩托车掉进了山谷，撞上了大树，俩人腹部都受了伤，肠子都露出来了。其中的一人看到肠子，非常恐惧，很不冷静，没有任何包扎的情况下，盲目行走，结果由于失血过多死亡了。另外一人，很注意科学包扎与处理，他把腰带做成一个直径为20厘米的一个圈，并缠上消毒纱布，扣住脱出的肠子，然后用急救的三角巾包扎固定，仰面躺在草地上，倒爬到一个明显的位置，终于等到了救援人员，成功获得了救治。

开动脑筋

1.理性对待。野外意外受伤时，可能会出现内脏脱出。遇到这种紧急情况，沉着冷静，正确处理。为了避免腹腔内发生感染，一般不要把脱出的

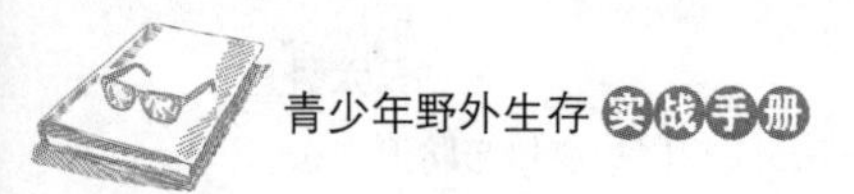

内脏送回腹腔，而是要采用保护性的包扎法进行包扎处理。

2.正确处置。迅速用大块干净的纱布盖好脱出的脏器，然后再用饭碗（搪瓷碗、饭盒）扣上，不要扣压内脏，用绷带进行包扎。如果没有饭碗，可以用缠上纱布的腰带圈，扣住脱出物。

> **野外生存温馨提示**
>
> 发现内脏脱出，要不断地暗示自己没有什么可害怕的，不断地激励自己，才能战胜恐惧，顽强地生存下去。

3.防止伤情加重。为防止内脏继续脱出，减轻疼痛，伤者应该保持仰卧姿势，屈曲下肢，膝下垫高，以减轻腹肌的张力。

17 被蛇咬了怎么办

夏天的野外毒蛇多，活动时一定要小心。被毒蛇咬伤后的症状是：开始局部皮肤变色、肿胀、疼痛，发展下去，毒素逐步扩展，就会出现恶心、呕吐、鼻子出血、小便尿血、呼吸困难、抽搐、昏迷，最后是死亡。

夏天，学生云红随妈妈去采摘野菜。到了一片灌木丛里，发现了很多新鲜的野菜。她与妈妈分头采摘着，突然她被一条隐藏在树根后面的毒蛇咬伤了手。云红当时吓晕了，妈妈看到女儿被蛇咬了，也吓得哆嗦起来，没有及时救助。毒素很快扩展，生命危在旦夕，幸亏被路人发现，及时将云红送进了医院。

开动脑筋

1.掌握识别有毒与无毒的技能。从以下方面判断蛇有无毒：一是多数毒蛇有毒牙和毒腺，头大多为三角型，牙齿较长，身体花纹鲜艳，看上去很凶猛；二是看伤口的形状，在两排牙痕的顶端有两个特别粗而且深的牙痕，说明是毒蛇。

2.要安静，不要惊慌失措，大呼小叫，更不能来回奔跑，要静卧少动，避免毒液蔓延到别处。

3.马上看伤口里是否留有毒牙，如果有立刻拔出来。立刻用一条布带扎紧被咬处的上部，防止毒素蔓延扩散。为防止肢体坏死，每扎15分钟就需要放松半分钟，必须等到红肿停止进展后约8~10小时才能解开。

4.迅速冲洗伤口。没有其他消毒药品时，可以用冷茶水、淡盐水、冷开水、矿泉水、井水或者肥皂水反复冲洗伤口，以冲走毒液，同时要努力将伤口里的毒血液挤出去。

5.用消毒针刺破伤口周围的皮肤，使毒液流出来。也可以牙痕为中心，用消毒后的小刀子，划一个十字切口，使毒液流出来。

6.如果有火柴的话，可以用火柴轻烧伤口，以破坏毒素。

7.有准备的话，应立即服用解蛇毒药，并将解蛇毒药粉涂抹在伤口周围，而后停止一切野外活动，立即去医院。

8.采集草药。有一些草药可以对付蛇毒，可以选用七叶一枝花、半边莲、八角莲、山海螺、万年青、蒲公英、紫花地丁、贵针草、鱼腥草、田基黄、苦参等

野外生存温馨提示

被毒蛇咬伤后，不要惊慌，更不要害怕。一定要及早、科学、正确处理。记住：只要是被蛇咬伤，如果没有经验，一时无法判断是不是毒蛇，都要按照毒蛇咬伤来处理。

草药，捣碎取汁，涂抹在伤口周围，也有一定疗效。

18 遭到鲜花侵袭怎么办

鲜花美丽，但鲜花有时也会成为“杀手”。需要时刻提高警惕，不能只顾玩乐，不考虑后果。其实，鲜花是有情的，你不招惹它，它也不会招惹你。

暑假，小媛与妈妈到农村旅游，她们看到山上的野花高兴得不得了，采摘了许多，拿在手上，插在头发上，带回家里，结果引发了支气管哮喘。小嫒的呼吸道几乎被阻塞，憋得难受，连敲打房门的力气都没有了。幸亏妈妈发现及时，立刻将小嫒送往医院。

开动脑筋

1.明白花为什么侵袭人。临床医学证实，至少有200多种花粉，进入呼吸道后，容易诱发人体出现异常的变化。空气中的花粉浓度越高，就越容易使人患上感冒、肺炎、过敏、支气管哮喘、鼻炎、咽炎、头痛、眩晕、高血压等病。鲜花长期暴露在空气中，极可能受到空气中的病菌、病毒的污染，昆虫也起到了媒介的传播作用。

2.知道侵袭人的途径。野外活动时，被病菌或是病毒感染的花粉颗粒被风吹到空气中时，人们无意识地吸入。人们天生喜欢花，经常会用鼻子对准花去闻，这样往往就会把带病菌花粉颗粒吸入体内。人们把花摘下来，

拿在手中，受到污染过的花粉容易附着在皮肤上、手上、头发里、鼻孔里和眼睛的睫毛上。

3.知道如何预防。一是不接触。春季的空气里是花粉浓度最高的季节，有过敏史的人外出时，要格外注意,应该戴上口罩，不要接近可能引发过敏的鲜花。二是不采摘。对于不明的野花不要采摘，更不要随意把野花带回家或是随意插在头发上。三是注意卫生。野外活动结束后，应该马上脱下外衣，彻底消毒，鞋也要清洗干净。

许多过敏性疾病、呼吸道疾病是因为花粉混合在空气中，从鼻子进入体内后，导致人体发生疾病。

19 心脏是否停止了跳动

野外发现有人受伤，心脏停止跳动，非常危急，要保持高度的警觉性，立刻实施胸外心脏按压术，密切观察患者的复苏情况。操作时要胆大心细，不能有丝毫的闪失。

山顶上，几个青年人站在崖边拍照。突然，崖石断裂，一个照相的青年人摔了下去。他挣扎了一会，再也没有动静了。大家立刻跑过去，呼叫了半天，青年人没有任何反应。同伴急忙打“120”求救，救护人员到来后，迅速进行抢救，但因心脏停跳时间过长，青年没有苏醒过来。

医生说：“如果当时施行胸外心脏按压的话，还是有可能抢救过来的。”大家一听，都低下了头，因为他们都没有这方面的急救知识。

开动脑筋

1.正确判断。对患者，应首先判断其心脏是否停止了跳动。方法是迅速触摸其颈动脉：用食指与中指指尖放在伤者的气管正中央，然后向旁边移动2~3厘米，可以触摸到颈动脉。如果触摸不到搏动，说明大动脉搏动消失，心脏已经骤停。

2.使患者处于正确体位。立刻使患者仰卧在硬板床、地板或坚硬平坦的地面上。

3.胸前区捶击。患者心脏骤停后1分30秒以内，可以做胸前区捶击。救护者右手握空心拳，以距离胸壁20~25厘米的高度，垂直向下锤击胸骨下段（心前区）1~2次，力量中等。如果无心跳，立刻改行胸外心脏按压和人工呼吸。

4.正确地按压部位。胸骨中1/3与下1/3交界处。

5.抢救手法。施救者一只手掌根部置于按压区，另一支手掌放在手背上，两手手指交叉并翘起。

6.按压方式。要平稳而有规律地进行；下压及向上放松时间应相等；按压到最底点时，应有一明显的停顿；放手时，手掌跟不能离开胸骨定位点；按压深度是，成人4厘米，小儿2厘米；按压的频率是，80~100次/分；人工呼吸与胸外按压比例是，一个人抢救时，应先做胸外心脏按压15次后，做2次口对口人工呼吸。

野外生存温馨提示

一定要不间断地进行，不能丧失信心，更不能轻易终止抢救。要坚持到救护人员赶来，接替你为止。

20 呼吸停止了怎么办

野外抢救没有呼吸的患者，其实就是与时间赛跑，必须争分夺秒，时间就是生命，尽全力克服各种困难，尽最大努力争取挽救患者的生命。

一个夏天，几名学生去郊区河里游泳。12岁的大军突然腿抽筋，扑腾了几下，沉入水里。同学们赶快救助大军，终于把大军拉上岸。但是大军已经昏迷，呼吸停止，没有意识了。同学们急得赶快跑到一里地以外的建筑工地喊人，等救护人员赶来以后，大军已经永远闭上了眼睛。医生进行尸体检验后认为，如果当时马上做人工呼吸，大军的生命有可能保住。

开动脑筋

1.确定有无自主呼吸。在患者呼吸道畅通的情况下，救护者用耳朵贴近患者的口鼻，听患者呼吸道有无气流通过声，或者用面部贴近患者口鼻处，感觉有无气体呼出。同时，观察患者的胸口有无起伏。如果没有自主呼吸，应立刻进行人工呼吸。

2.口对口人工呼吸。立刻将患者仰卧，松解腰带和衣扣，清除口腔内杂物，保持伤者呼吸道畅通。施救者一手托起患者下颌，并尽量使其头部后仰；用托下颌的手掰开患者口唇，以便吹气入肺；另一手紧捏病人鼻孔以免漏气；施救人深呼一口气，对准患者口部吹气，直至上胸部升起为止；吹气后立刻离开患者的口，并立刻松开捏鼻孔的手指，以便吹入肺内的气体自然排出。成人每分钟16~18次，儿童每分钟18~24次；吹气量适量，不要过猛、过大，以防止吹破肺泡；也不要过小，以免气体供应不足，起不到效果。

3.口对鼻人工呼吸。如果患者牙关紧闭，不能进行口对口人工呼吸时，可以采取口对鼻吹气法。吹气方法与口对口吹气法基本相同。只是把捏鼻子改为捏嘴唇，对鼻孔吹气。

4.俯卧背压法人工呼吸（此法非常适用对溺水者的抢救）。让患者俯卧，一只手臂向前伸直，另一手弯曲枕在头下，面部偏向一侧。施救者跨跪在患者的大腿两侧，面朝患者的头部，两手平放在患者的后背下部肋骨上，大拇指向内靠近脊椎附近，其余四指分开，向外横贴在背后，两臂伸直。施救者俯身向前，依靠体重和臂力，慢慢地向下推压，然后再把身子竖起来，放松两手，这样有规律地一压一放，每分钟16~18次。要压力适当，以防止肋骨骨折。

野外生存温馨提示

遇到呼吸停止的伤者，要立刻实施人工呼吸，不能惊慌失措，更不能消极等待，以免错过最佳救援时机。

第七讲

野外求救有讲究

——巧用信号联络及通信应用

7月的一天，14岁的洋洋与爸爸去郊区玩，不小心双双坠入一个隐藏的洞穴中。

虽然没有受伤，可是由于情况突然，两人也吓了一大跳。洋洋拼命呼喊，嗓子都喊哑了，也没有人来救助。

爸爸一声不吭，嘱咐洋洋不要喊了，洋洋不听，继续呼喊，最后爸爸只好采取强制措施，不许洋洋再喊了，保护嗓子、体力，注意听上面的声音。大约过了4小时，他们听见上面有人走动的声音，立刻呼喊，果然得到了救助。

原来，一个放牛的老人经过这里，听到声音，把绳子顺下来，拉他们上去了。洋洋呼吸着新鲜空气，看着爸爸，着急地问："爸爸，刚开始你怎么不让我呼喊呢？"

爸爸看看洞穴，又看看放牛的老人，认真地说："洋洋，这个问题，你问得好。野外遇到危险的人，最后生存下来的原因之一，是因为及时、正确、详细地通知了救援人员，并得到他们的援助。相反，一些人在野外遇到危险后，没有生存经验的人只知道拼命地走，拼命地呼叫，对于如何发送信号和发出求救信号的重要性一无所知，最后终因体力不支或因疾病侵害、野兽袭击，心理失常，而导致死亡。遇到危险，当时若实在没有任何救援人可能出现或到来的情况下，乱喊乱叫是最大的失误，特别消耗体力。因为你喊破天也没有人来救你。"

听了爸爸的话，洋洋明白了，羞愧地说："爸爸，我知道了。你再给我好好讲一讲吧。"

爸爸拍了一下洋洋的肩膀，大声说："好，我讲给你听。"

1 各种求救信号的发送

野外生存除了靠自己的机智与勇敢外，还要适时与外界联系。通过各种方式，灵活巧妙地告诉救援人员自己所处的位置，需要帮助的项目与要求，目前的身体状况，周围环境，以争取得到外部及时、有效地援救。

20世纪70年代中期，一位帆船爱好者，在海岛遇到了一场飓风，帆船遭到了损坏，他盲目地在岛屿上乱走，结果导致身体极度虚弱。于是，他把求救的漂流瓶扔到大海里，人们发现了他的漂流瓶，可是里面的内容太少，只有6个没有真正价值的字："遇险了！快来救。"

救援人员，不知道他在那里，大概的地点也不知道，结果徒劳地寻找了6天，最后发现遇险者时，他已经死了。如果当初，他把大概地点、情况简要说明白，救援人员就会迅速找到他，使其安全脱险。

开动脑筋

野外迷失方向后，大多数人都找不到自己所走的原路。如果向外发送求救信号，应明确指出你的行动路线、行动地点、通过某地的时间，这样能够让救援人员对情况有个基本了解。

1.维系生命标记。事实上，再有经验的野外探险者，也需要维系生命的标记。标记很简单，一般是每间隔5米就要在一个明显的地方，做一个以箭头指向的标记。一是告诉救援人员自己的前进路线与方向。二是一旦自己选择的路线无法前进，需要退回时，按照箭头相反的方向准确后退。三是在主要的地点、路口及复杂的地段做出复合标记。无论做什么样的标记，都应该写一个情况简述，内容本人 姓名、年龄、性别、身体情况、携带食品、饮用水、有无同行者、通过此地的日期、时间，前进方向与速度等。

2.采用最原始的方法。其实，古代人在战斗中，经常利用风来发送信号。他们认为风能给人带来好运。野外与外界失去联系时，最简单的办法就是借助风。根据风向、大小，巧妙地在树叶子、废纸、废布条、华树皮上，写一封求救信，然后选择一个比较高的地方，借助风力，把“信”吹向天空，飘向远方。利用风发信，要反复发送，不要只发一次，更不能着急，也不能灰心丧气。

3.古老的漂流木。借助河流、海水的水流方向，把求救信件装入一些瓶子内部，密封好后，放入水中，随着水流漂走。或是利用野外植物，在一些树木、竹子上刻写求救字迹，放入水中随水流漂走。放漂流木是一种古老的办法，并且也比较有效，但要注意，因为水流的中途，会遇到障碍，需要加大发送频率。

4.巧妙利用地形、地物与动物。古代战场上，士兵常常利用特殊的地形、地物与动物报信，帮助人们完成自身无法做到的事情。利用地形、地物与动物，就是在一些较高大的树上、山顶上，放上一些特殊的明显东西，如红色衣服、帽子、袜子、内衣等，或是在相对平坦的高地上用小白色的石子摆上“SOS”三 个英文字母。如果能够找到一些蜂蜜的话，可以在蚂蚁出没的附近，用蜂蜜写上SOS，不一会儿蚂蚁就会用自己的身体写出“SOS”三个英文字母。野外求救，不要盲目，应该充分利用现成的资源，巧妙地告诉营救人员自己的地点。

野外生存温馨提示

野外一旦遇到危险，陷入危险境地，务必要保持清醒，把握好时机，恰到好处地发送求救信号。

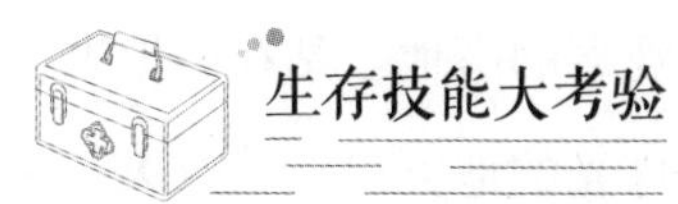

生存技能大考验

常用的发射求救信号的方法有哪些？

2 救命的灯光与火种

有过野外遇险经历的人，可能会有一个共同而深刻的印象，就是期盼着灯光与火光出现。如果发现了灯光与火光，就像见到了救星一样，会无比激动。

根据试验，在通视度比较好的夜里，人的肉眼可以看到几公里以外的灯光与火光。因此，在野外要充分利用灯光与火光，善于观察与使用，使自己尽快摆脱困境。

秋天，几位工人进山采摘，突然遇到了山体滑坡，迷失了道路，被迫躲避在一处山崖下面，十分危险。夜间，他们使用打火机把衣服点燃，不断挥舞，被护林员发现，最终成功得到了救助。

开动脑筋

1.善于发现与利用灯光。漆黑的野外，如果你手中有手电的话，是令人高兴的事情。要注意节约用电，在最适当的时间与地点才能使用它。因为电池的电量是有限的，不要随意乱用，一旦到了关键时刻，需要手电光亮，你的手电却没有电了，生的希望就会变得渺茫。

要保持清醒，野外的夜里应该找一个便于观察的高地。站在高地上，可以向四周通视，仔细寻找远处灯光，因为有灯光的地方可能就有人，那可能就是你要前进的方向。

要特别注意近距离的移动灯光，哪怕是微弱的灯光，也不能错过，因为这可能就是救援人员向你发出的联络信号。

2.善于发现与利用火光。如果你手中没有手电，要善于利用火。古代人把火视为生命。在野外应该充分利用火，因为明显的火光会让方圆几十公里的人发现。在野外利用火报警时，要选择地形高、视野开阔的地点，以松树枝、华树枝、树皮及朽木等易燃材料为火源，救援人员发现后，就会寻光而至。你如果没有火种，要注意站在高处，耐心地观察四方火光，顺序是由远至近。对于移动的火光要倍加注意，适时观察火光的动向，并及时与之接触。

野外生存温馨提示

当使用手电发出求救信号时，不要一直开着手电，应该是一开一停的光线，这样救援者容易发现，也明白是求救信号。注意节约用电，不要随意浪费电池。火种要架设在高处，让远处的人容易发现。

生存技能大考验

夜间在野外时，为什么要重视移动的灯光与火光呢？

3 联络中要注意的问题

有的人在联络中做了许多的努力，想了很多办法，精疲力尽，效果几乎是零。这是为什么呢？主要原因是方法不正确，做了无用功。

一位大学生骑车进山，转弯时掉入深沟里，受了伤，十分危险。他十分焦急，拼命呼喊，可是根本没有人路过。由于他呼喊时间过长，体力消耗过大，等汽车经过时，他却喊不出来了，最终付出了惨痛的代价。

1.语言的利用。野外一些人看到各种残酷的场面，极度恐惧，精神高度紧张，言语几乎失去了控制。盲目乱喊、乱叫，直到口干舌燥，声音嘶哑，再也喊不出来为止。当真正有人来救援时，咫尺的距离，却怎么喊也喊不出来了，错过了被人发现的时机。有的人遇到刮风时，不管风向，也拼命大喊，结果徒劳了半天，白白耗费了体力。有的人掉到深深的洞穴里，不管上面有没有人，也是不停地高喊，最终酿成了不可挽回的结局。有的人不慎落水后，只顾呼喊，却不知道保持平衡，调整呼吸，结果嘴里、鼻子里呛进了水，生命受到了严重威胁。

野外求救要科学运用语言，这样既可以保存体力，又可以恰到好处地被救援者发现。遇到危险后，先冷静观察情况，当得知周围只有自己一人时，尽量不出声音。因为这时你喊破了天，也不会有人听到。当看到、感觉到或听到有人来时，应该站在高处，上风头的地方，用双手围成一个喇叭形状，使声音长而有力地呼出去，呼救的声音应该尽量大。注意，夜间

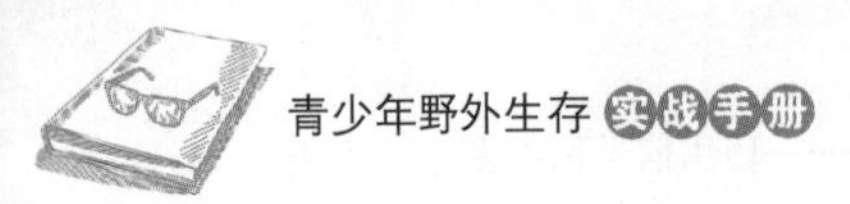

声音传播距离远，要善于在夜间呼救。

2.手势的运用。野外求救，手势运用广泛。当发现有救援人员出现时，可以站在高处或爬上树去，手中拿着比较明显的标记物，来回挥动、摇摆。摇摆过程中，应该注意结合呼救语言与其他联络方式。也可以找一根长竹竿、树枝，把明显的物品捆在最高点，双手举起来，反复摇晃。打手势时，要注意保存体力，确实认为是目视距离时再打手势。因为在目视距离以外，人家根本看不到。

野外生存温馨提示

发送求救信号，要有耐心，积极等待，而不是坐等时间的流逝。不要发牢骚，不能悲观失望。要记住：越是到了最后，越不要放弃。困难过去了，希望就来了。

3.注意防火。野外多山林，灌木丛生，加上风大，气候干燥，有时用火求救，控制不好，容易引发森林大火。在高地点火时，应该把周围的杂草清理掉，四周挖一个防火沟，使火源不与外界接触。有风时，应该注意风的大小，风大时要避免使用火，以防火源被风刮向其他地方，引发大火。当拿着火源行走时，要注意火源与周围植被的接触情况，尽量远离其他易燃植物。当人离开点火地点时，要把火种熄灭，并用土埋好，以防死灰复燃。在没有把握控制火源的前提下，最好不采用“以火传情”的方式。

4.注意综合运用联络方法。在向外发出求救信号时，要采取综合方式，避免方法单一。因为在野外与救援人员联系很困难，有时距离很近，但是双方可能擦肩而过，就是发现不了。因此，只要条件许可，就应该利用各种方式，不断地发送。求救信号多数可能会失败，有的可能在半途中“丢失”，需要你反复发送，不要放弃生存的希望。有时身体极度虚弱，没有其他办法发出联络信号，当感到有人接近时，要用力敲击木头、摇晃树枝，拍打岩石，尽可能使声音传出去。

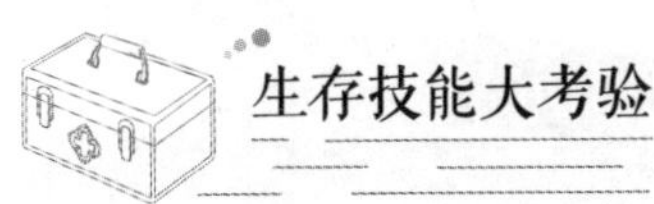

生存技能大考验

洋洋在山上迷了路，眼看天就要黑了，请问他该怎么办？

4 现代通信技术的应用

野外一些地方没有手机信号，有的地方手机信号时好时坏，强弱不一，这时就要留心观察，捕捉最佳的信号源发送求救信息。

“十一”期间，几个大学生相约进山玩。他们在一条山谷里迷失了方向，水、干粮都吃完了，却还没有走出山谷。想使用手机与外界联系，却又没有信号，他们几个都焦急万分。

忽然，一只喜鹊在树顶叫了几声，一个大学生眼睛一亮，拿着手机，艰难地爬上树，手机果然出现了微弱信号。他立刻报警求救，终于得到了救援。

开动脑筋

1.科学选择地形。手机信号传播有特殊的方式，往往在凹地里、山谷中、洞穴里没有信号，所以要远离低洼处，尽量选择地势高的地方使用手机。

2.耐心寻找。有时手机信号很奇怪，角度变换一点，就消失了。有的手机在山的正面有信号，背面却没有信号。有的手机在树下没有信号，到了树上就有信号了，这需要仔细搜索，不能急躁。

3.保存电量。手机开机时，电池耗费大，野外既然一时找不到信号源，可以先关闭手机，保存电量，等判断可能有信号源出现时，再打开手机。

野外生存温馨提示

不要完全依赖手机，也不要放弃使用手机，因为野外确实很多地方没有信号，要根据地形，不间断地搜索信号。

4.远离汽车等金属物。野外手机信号微弱，使用手机时最好远离汽车、金属架的帐篷等，避免干扰信号。

生存技能大考验

野外使用手机，地形很重要吗？

第八讲

自我防护

——如何进行野外休息与藏身

8月的一天，欣欣与爸爸妈妈去郊区体验“农家乐”。中午，她躺在村民的草棚里休息时，不小心被蝎子蛰了，疼得难受，爸爸妈妈只好带她提前回家，去医院治疗。

从医院回家的路上，欣欣看着爸爸妈妈，疑惑地问：“怎么这么干净的草棚也有蝎子呢？奇怪。”

爸爸抢先说：“欣欣，野外休息、藏身时，什么都可能遇到，这是非常重要的课题，对于恢复体力，保持旺盛的精力与斗志，有着极其重要的意义。休息不好，就会使人陷入又一次的‘死亡陷阱’，这里面的学问大着呢！”

听了爸爸的话，欣欣着急地问：“野外休息、藏身学问还不少，爸爸，你能具体说说吗？”

爸爸认真地说：“好，多学习，以后再去野外就不会发生意外了。野外休息时，无论是小休息还是大休息，都要注意安全。休息时，怎么才能既不遭野兽、毒虫的攻击，又能够休息好呢？这里面的学问大了，欣欣要好好学习，掌握应对技能。下面，我开讲啦。”

欣欣高兴地说：“好，我认真听。”

1 休息与健康

野外遇到危险后，首先应保证身体健康与生命的延续，除了必须解决好吃、喝的问题，还要解决好休息的问题，这是不能含糊的问题。

19世纪，南亚某国家的一艘客轮在太平洋的某海域触礁沉没。船上的5名学生上了唯一的一艘救生船，逃到一个岛屿上。由于缺乏食物与淡水，同学们都感到非常恐慌。同学们情绪激动，不知道控制自己的行为，在岛上超负荷寻找食物，几天几夜都没合眼，结果因休息不好，全部精神失控，出现了行为异常，最后集体跳海自杀身亡。

开动脑筋

1.认识休息的重要性。充足的休息是保证人体体能持续长久：身体各个器官正常运行的关键。休息不好或者超负荷工作，都会使身体状况严重下降，严重时还会有生命危险。俗话说：“好汉三天不睡觉，不累趴下也倒下。”人体的承受能力是有限的，超过自己的极限负荷，身体就要“吃不消”了。

2.合理安排好休息。正常情况下，健康的人每天应该睡眠8小时，才能保证脑细胞及身体各器官的恢复与休息。如果强迫自己不睡觉或者因外界因素不能休息，就会导致脑细胞工作负担加重，身体各器官的功能紊乱，机体的运行机制被打乱，继而产生各种问题。如血压升高、心脏负荷加重、脑供血不足、消化功能下降、新陈代谢紊乱、四肢乏累、血液循环不畅、精神萎靡不振、思维混乱、精神错乱、意识力丧失等。

3.学会放松。要转换思考角度，不要把问题想得过于严重，看看花，听听鸟叫，听听音乐、聊聊天等都可以转移注意力。

> **野外生存温馨提示**
>
> 无论什么样的环境，无论情况多么复杂与残酷，在相对安全有保证的前提下，要注意休息。休息要讲究科学与技巧，真正做到安心、踏实和轻松。

2 临时休息

在野外不要轻视临时性休息，觉得坐在树下，靠在树旁，躺在草丛里，卧在沙滩上，睡在岩石上，不会有什么事情发生。其实很多惨痛的教训，就是因为粗心大意造成的。

有一年夏天，15岁的雅兰与妈妈一起到郊区旅游，由于气候炎热，感到很累，就来到了一棵树后面，坐下休息。即将睡着时，藏在树上的一条颜色与树皮一样的毒蛇慢慢爬下来，凶狠地咬了雅兰一口。她受伤惊醒后，发现自己被蛇咬伤，惊恐万分，哮喘病接着就犯了，昏倒在地。妈妈急忙把她送进医院，经过好几小时的抢救，雅兰才脱离危险。

开动脑筋

1.休息前的观察与判断。休息前，要养成观察地形、地物的好习惯，看休息点周围情况，如有无毒蛇出现，有无毒虫隐藏，有无凶残野兽出没，

有无容易发生塌方的地质，有无山洪冲击的可能，有无山体滑坡的发生，有无大火的发生，有无树木即将倒下来的可能，有无雷击的发生，有无雪崩的发生，有无发生沙尘暴的可能，会不会遇到冰雹的袭击等。根据这些可能遇到的危险情况，判断出发生危险的可能，而后采取规避措施，选择安全的临时休息点。

2.休息中的警戒与建立。临时休息，如果是两人以上在外休息，应该互相给对方站岗、放哨，坚持轮流休息的原则，应有一人清醒，保证其他人休息时的绝对安全。如果独自在外休息时，应该克制自己不要睡得过深，最好是半睡半醒状态。预感到问题即将发生时，应迅速作出判断与反应。

野外生存温馨提示

临时休息要把可能遇到的危险想到前面，不可以放任自流，把生命当成儿戏。时刻牢记，野外危机四伏。

3.休息中的防御。在野外休息时，手中最好拿着一根木棍或者一块石头来应付突发情况。

3 长期坚守

在野外遇到危险，感到一时无法离开时，要耐心等待救援，长期坚守的准备工作也要充分细致，考虑周全，不应有疏忽与破绽。

1969年的一个夏天，西方的一名野生动物研究员玛娅女士与植物学者琳娜女士相约到非洲某地进行科学考察工作。两人各自开着吉普车，分头向目的地行进。途中，同样的糟糕情况发生了，但是由于处理的方式不一样，结果也不一样。

两人的吉普车前后相距80公里，几乎是同时陷进了沼泽地，在荒凉的灌木丛林里她们各自为生命而努力。由于荒凉的灌木林里根本没有人烟，她们都感到只能靠自己了。但是琳娜比较粗心，没有想到要长期坚守的问题，很快就把可以维持6天生命的水和食品吃光了。她认为救援人员会很快赶到，结果苦苦熬了6天，没有等到救援人员，她在绝望的痛苦中死去了。

相反，玛娅女士很有经验，她根据当时的特殊情况，认为可能需要长期坚守。于是，她把车上的食品、饮水及其他物资保管好，科学计划每天最低限度的饮食与饮水，成功地坚持了7天，终于等到了救援人员，顺利脱险。

开动脑筋

1.认真检查身体情况，检查带的食品与饮用水情况（饼干、罐头、香肠、糖、矿泉水、啤酒、水果等），检查携带的一些生活必需品、药品等，集中存放，妥善保管，合理使用。不可以滥用，出现浪费现象。记住：在外没有任何援助的情况下，任何物资都可能是延续生命的“救生圈”。

2.认真勘察地形，了解环境与气候，掌握可能发生的危害。积极发挥主观能动性，把各种情况摸清楚，确定长期的安全居住地点。

3.认真评估，根据自己所处的具体地点，把形势估计得准确一些，把危险想得更严重一些，而后要计划食品、饮水与体力，

野外生存温馨提示

长期坚守的准备工作比较繁琐，要有耐心与信心。要把物资准备得尽可能充足一些，科学计算好，根据预计坚守的时间长短，把食物和饮水消耗做一个计划，确保生命的延续。

做到前紧后松，充分利用当地的资源。

4.由于需要长期坚持，最好修建一个简易卫生间，解决大小便问题。卫生间的建设地点应该选择距离简易房子30米以外的地方，要选择下风地段，远离水源，阳光充足，通风良好。

4 正确搭建简易房

在外长期坚守，搭建简易房子十分重要。简易房可以避风、御寒、防止野兽的侵害等。搭建简易房屋要从实际出发，就地取材，可以是窑洞式的，也可以是壕沟式的，还可以是吊桥式的。不要讲究美观，只要安全、实用，便于处置各种紧急情况就好。

前几年，某地一位长期在山上采摘蘑菇的老人，搭建了一个简易房。由于支架是用草绳捆绑的，不怎么结实。一天，13岁的孙子来陪他采蘑菇，天上下起了大雨，雨停后，老人没有及时检查支架的固定情况，夜间刮起了大风，把本来已经松动的草绳刮断了，造成简易房倒塌，把他与上初中的孙子砸晕在里面。

开动脑筋

1.长期在外坚守，房子是生存的重要基础。搭建简易房十分重要，可以因陋就简，量力而行。无论是什么季节，简易房子的建设地点应该选择在干燥、地势较高、通风阴凉处。还要特别注意的是房子的通视效果要良好，便于出行活动。

2.可以借助特有的地物搭建房屋。如洞穴、遗弃的窑洞、自然形成的凹沟、粗大的树洞、树叉等。

3.可以就地取材，不拘于传统形式。如果石头多，没有树与竹子，就可以用石头为材料，以干打垒的方法围成几平方米的石头墙，房顶用草搭建。如果土多、水多，可以把土搅拌成泥，而后用泥围几平方米大小的土墙，房顶用树枝、干草及其他植被搭建。

如果竹子多，可以架立一个悬空三角窝棚。三角窝棚的悬空距地高度应该在1米以上，长2米、宽1.5米，开口应该向阳。三角架子互相连接的地方，可以用藤条、草、细树枝捆绑结实，防止风刮倒。下雨时要注意窝棚情况，一旦发现异常情况，要及时加固。如果树多，石头也多，就可以搭建一个正规一点的房子，以树木为主体结构，以石头和土作为辅助材料。

野外生存温馨提示

要每天检查简易房子的固定情况，而且是必须的。特别是刮完风、下完雨后，更要及时检查。发现松动后，要迅速重新固定好。

4.要密切注意简易房子周围的情况，要时刻保持良好的卫生，除去杂草及污水。要根据外界温度的情况变化，科学地改装房子。要注意防火，在房子里烤火时，要注意预防煤气中毒。

5 架设简易床

充满危机的野外，简易床的架设很讲究，不能偷懒与大意。因为荒郊的土壤里、草丛里、腐败的植被下面、树上、树洞里、岩石后面会隐藏着

各种毒虫、毒蛇，在你睡觉时，有可能突然出来攻击你，因为你侵入了它们的领地。

秋天，学生袁方旅游途中，去河床里寻找奇石，中午累了，找来一些草铺垫在一棵树下，迷糊着了。危险逐渐向他逼近。一只毒性非常强的蜘蛛悄悄靠向他，并咬了他的小腿。开始，咬伤并没有引起袁方的重视，等毒性大发后，袁方的心脏病犯了，昏倒在草地上。如果不是家人发现及时，立刻背他去医院抢救，他可能再也见不到父母了。

开动脑筋

1.保证床悬空。简易床至少距离地面约60厘米，可以有效防止毒蛇和毒虫袭击。

2.四脚架设。找八根1.7米左右高、直径约10厘米的木棍。分别将两根木棍交叉，交叉点的高度是1米左右，张开角度为60度，在交叉点处用绳子固定。交叉木棍埋于地下30厘米，用碎石、土夯结实。两根交叉木之间的距离应稍微比人体高度长一些，而后在上面搭木棍或木板，用绳子绑结实，就可以安稳地使用了。

野外生存温馨提示

简易床架设要科学，即便再劳累，也要注意安全，不要随意找杂草，铺在地上糊弄了事。要充分利用现有条件，就地取材，睡上去才能感到放心。

3.两树连接法。选取两棵大树，拉上网绳，形成吊床，铺上一些物品，即可当临时床。

图 8-1 两树连接法搭建吊床

6 保护好自己

在野外休息，安全防护措施越周到，越细致越好，不要因为一点小失误，发生不可弥补的大错误。

周日早晨，9岁的小伟随爸爸一起外出旅游，他们进入荒山采摘蘑菇，中午吃饭过后，两人分别找到一块干净的草地躺下了。爸爸抽烟后，把烟头扔在周围，小伟不吸烟，倒在草地上就睡着了。

20分钟后，两条毒蛇出现，先到了爸爸的休息地，毒蛇闻到烟丝味，转身继续爬行，到了小伟处，毒蛇猛地咬了他的腿。小伟痛醒后发现被毒蛇咬伤，吓得哭了起来。爸爸看到情况不对，赶紧跑过来，将小伟送去医院抢救。

开动脑筋

1.在野外无论是临时休息，还是住在简易房子里，都不能麻痹大意，要把安全防护放到首位，认真仔细把休息地周围的杂草清理干净。为了保险起见，一般要把直径约5米内的杂草、碎石都清理掉。

2.挖一条排水沟，使休息地点或者简易房子周围不存积污水，保持环境的清洁。排水沟的宽最好为20厘米，深30厘米。

3.建立隔离壕。侦察兵都知道野外挖隔离壕的重大意义，它能有效起到阻止毒虫的作用。比较专业的隔离壕的条件是：壕深50厘米、宽40厘米，壕沟的底部均匀撒上一些草木灰、石灰粉、野蒿子草灰、木炭、烟丝和松油，能驱赶毒蛇与毒虫。

4.设障碍，及时预警。在主要的道路上挖设陷阱或放置一些能发出声响的物品，以防止大型野兽偷袭。

野外生存温馨提示

很多血的教训证明，在野外活动时，很多危险是不可预知的，因此要在细微处下工夫，把防护措施落实到实处。

第九讲

勇敢面对

——处理各种危险的科学方法

春天来了，15岁的可可和爸爸在爬山的过程中，看到了一只小兔子钻进了一棵枯树洞里。

她十分高兴，赶紧追了过去，可刚一接近枯树，就忽然感到枯树逐渐朝她倾斜，吓得她大叫起来。爸爸立刻赶来，把她拉到安全地点，不一会儿，枯树就倒了下来，把可可的脚印压住了。

可可感到很后怕，面色紧张，疑惑地问：“爸爸，枯树怎么说倒就倒呢？刚才还好好的呢。”

爸爸看着倒地的枯树，说：“可可，在野外活动，你要时刻保持警惕，因为野外很多危险就在身边，而且很隐蔽。枯树什么时候倒，是很难预料的事情，枯树也不会预先告诉你，更不会拒绝你靠近。野外遇到危险，要保持镇定，多问为什么。可可，你以后外出的机会多，经常会遇到一些意外险情，你在这些突然到来的险情面前，是镇定自若，还是不知所措，还是听天由命呢？其实，这就是一次生与死的考验，要时刻保持警惕，控制情绪，机智灵活，不能冒失，更不能只顾玩。”

可可不住地点头道：“好，我知道了。”

爸爸继续说：“可可，野外活动，要眼观六路，耳听八方，预先作出危险判断，采取躲避措施。”

听了爸爸的话，可可着急地问：“爸爸，你能具体说说吗？”

爸爸说：“好，我开讲啦。”

1 突然被压埋

野外地理环境复杂，各种地段的情况特殊，几乎没有规律性，有许多隐含的危险，稍微不注意，就可能遇到压埋等严重问题。一旦被压埋后，该怎么办呢？

学生陶军和爸爸一样，特别喜欢收藏石头，自己积攒了数十块漂亮的观赏石。放暑假了，他到河床里寻找美丽的石头，突然山边的碎石头冲下来，正好把他压住。一块锋利的石头刺破了他的大腿，动脉血管破了，鲜血喷了出来。他没有先止血，而是拼命地喊救命。20分钟过去了，当路人发现赶来，他已经因失血过多昏迷了，生命垂危。

开动脑筋

1.立刻判断情况，正确处置。在野外不幸被压埋后，不要惊慌，应该冷静分析当时的危险情况。预测一下危险是不是还要连续到来，看自己能不能立刻离开险境。处置的顺序是，先解决对自己生命有威胁的关键点。若是遇到连续的危险，必须想尽一切办法迅速逃离。

野外生存温馨提示

突发压埋事件发生后，如果认为自己一时解脱不出来，也不能丧失信心，更不能听天由命。要不断鼓励自己，暗示自己能坚持到底，始终保持旺盛的精神状态。积极采取自救与急救措施，保证生命安全，等待救援人员的到来。

2.检查自己是否受伤，先排除呼吸道的异物，保持呼吸畅通。如果有大出血，要立刻采取

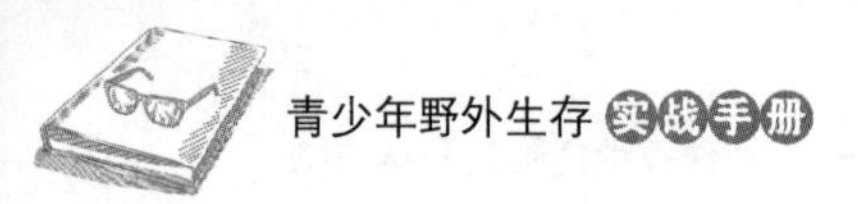

紧急止血法止住血，以防止失血过多，造成体力不支。如果有骨折，要谨慎处理，移动身体时要小心，保证以后的治疗。

3.及时呼叫。如果发现周围有人，应该主动发出呼救信号，耐心等待救援人员的到来。

4.正确实施救援。救援人员要逐点清理压埋物，不要强行拉拽被压埋人的胳臂、腿，以防止造成严重的二次创伤。

生存技能大考验

可可和爸爸一起爬山，一不小心被滚落的碎石压住了双腿，可是这时爸爸去寻找水源了，不在身边。请问，可可应该怎么做？

2 突然陷入洞穴

野外洞穴大多是隐藏的，稍不注意，很容易掉进去。万一不小心陷入洞穴里，应该保持镇静，观察情况，作出判断。如果感到根本就出不去，也不能放弃，应该积极准备，暂时忍耐，等待救援。

暑假，一名学生到西南某地探询长征路，进入丛林后，不小心跌进了一个天然的深达6米多的洞穴里。他试着爬了几次没有成功，冷静下来后，根据洞穴的特殊环境，决定养精蓄锐，耐心等待，开始了长期坚守的生活。早晚喝露水，在洞穴的侧壁挖掘一些小的软体动物充饥。坚持了两天后，这名学生终于遇到了一位放羊人，成功获得了援救。

开动脑筋

1.给自己信心。保持冷静，战胜恐惧，寻找对策，坚信自己能走出洞穴，始终保持高昂的斗志。

2.检查氧气的含量。认真检查一下洞穴里的含氧量，如果呼吸困难，身体软弱无力，头发晕，或者用火柴检验，火柴燃烧不起来，证明氧气少，此时要高度警觉，想尽一切办法，迅速离开洞穴。

3.处理伤情。如果发现自己受了伤，应该看出血情况，先行止血，而后再进行其他活动。

4.积极想办法。可以采用人工堆积法，逐步从一边取土，堆向另外一边，搭建成梯子，梯子的高度直到能离开洞穴为止。平时，要仔细听外面的声音，发现上面有动静，及时呼喊，争取得到援助。

野外生存温馨提示

科学收集洞穴里的水，仔细寻找洞穴里的食物。如果晚上发现一些野鸽子、野鸟进来，要想办法抓住，解决吃的问题。

生存技能大考验

一名学生不小心掉到一个洞穴里，不一会儿，他开始感到头晕，那么此时他该如何检查洞穴里的氧气含量呢？

3 突遇滚石

经过深沟、斜壁、峡谷时，遇到滚下来的石头，如果躲闪不及的话，就会被砸伤，严重时还会危及生命，所以要特别注意。

夏天，11岁的朱兵和妈妈在一个自然保护区里观察动植物，他们看见一条峡谷里的植物特别多，非常美，就贸然走进去了。

突然，看到了一只兔子，朱兵与妈妈马上追了上去。兔子跑到山谷的一处岩石上，朱兵与妈妈在后面紧追不舍。突然，兔子下面的一块大岩石散碎，迅速滚落下来，朱兵与妈妈躲避不及，腿被砸伤，险些连命也搭上。

开动脑筋

1.认清危害。野外崎岖的峡谷里，经常会发生巨大的石头滚落。滚落的石头从数十米的高空下来，威力很大，有时会把直径为几十厘米的大树冲撞断。

2.发生的因素。温度的变化，石头自然风化、下雨、刮大风、融化的雪、雷电劈打、动物碰撞，都有可能引起滚石。

3.积极预防与处置。在崎岖的峡谷里活动，应该注意峡谷上方的石头，每走一步都要试探，不要随意抓藤条与不牢固的树干；不要在一条直线上前后行走，以防止前面人踩翻石头，滚下去砸伤后人；发现巨大的滚落岩石后，不要目瞪口呆，应该立刻采取规避措施，迅速躲藏到坚硬突出的岩石后面，用书包或者结实的厚东西，顶在头上或者背上，以防不测。

野外生存温馨提示

在可能发生滚石的地域，应做好充分的准备工作，认识到滚石的危害，最好不要冒险，宁走十步远，不走一步险。

4 突遇森林大火

现在人们注意植树造林，保护林木，绿化面积越来越大。野外，你会发现各种植被千奇百怪的样子，景色宜人。

春季、秋季与冬季，气候干燥，很容易发生自燃现象。如有的植被能在自然条件下自燃，主要原因是意外遭受雷电袭击，被太阳光聚焦，被静电摩擦，被磷矿石的火花引燃等。如果没有安全意识，不注意防火，容易造成火势蔓延，人们有可能被烧伤，严重时还会危及生命。

秋天，5位同学相约到郊外爬山。有一个同学用放大镜聚光照射一堆干枯的树叶，慢慢地引燃了树叶子，把周围的灌木也引燃了。由于有风，火势很快蔓延。几位同学顺着风跑，火的速度超过了同学们的奔跑速度，结果他们全部被烧伤了。

开动脑筋

1.注意冷静观察，判断火的蔓延方向。如果火的蔓延方向朝自己而来，而且速度很快，应该立刻朝着风向的垂直方向横向逃跑。如刮东风，就要在道路许可的前提下，朝南或北的方向跑。

2.判断风向与风的等级。这一点是很重要的，知道了风向与风力后，就知道了火的方向，因为火是随着风走的。根据火的蔓延方向与速度，确定自己逃生的方向与时机，不能顺风跑。

3.选择安全的地方隐蔽。如果有水域，就往水域方向去，这是最理想的地点。如果没有水域，又有被火吞灭的危险，应该立刻选择崖壁下面，或者没有易燃物品的地点。

4.争分夺秒，不能有半点马虎与拖延。因为火的速度极快，看着很远，一会的工夫就会到来。另外，火在燃烧时，会吸收大量氧气，特别容易造成人员缺氧死亡。

5.机智勇敢。如果来不及逃生，不能听天由命，应采取“火源隔离法”。以最快的速度清除周围10米以内的易燃物质，使火到来后自动绕开。同时自己用湿毛巾或者手绢捂住嘴与鼻子，保护呼吸道畅通，不被烧伤。

野外生存温馨提示

野外遇到森林大火确实可怕，要加强预防，注意熄灭火种，以防止死灰复燃。

生存技能大考验

可可爬山时不幸遭遇森林火灾，当时正刮南风，请问他应该朝哪个方向跑?

5 遇到沼泽

野外沼泽地域环境恶劣，隐藏着无数杀机，气候变化无常，卫生条件差，人员不仅容易遭到病菌的入侵，而且容易遭到野兽的突然攻击，因此要提高百倍警惕，不能掉以轻心。

夏天，几个初中同学参加学农劳动，去沼泽地域割芦苇。他们在芦苇

荡里发现了几只狐狸，出于好奇便拼命追赶狐狸，跑向芦苇深处。跑的过程中，他们慢慢感到呼吸急促、胸闷、四肢发软，头发晕，过了一会儿，他们先后被熏倒，陷入隐藏的黑泥潭里，生命垂危。

救援人员四处寻找，还好及时赶到，把他们救出险境。后来经过勘察，判断是沼泽地里潮湿霉烂的难闻气味，带有毒性。这种气味就是沼泽地里腐烂的动植物散发出来的，俗称“瘴气”。

开动脑筋

1.认识沼泽地。许多人一提起沼泽地就会产生一种恐怖阴森的感觉，马上就可能联想起湿润、黑水与污泥。其实，沼泽地里也不都是污泥与黑水，有些地方很干燥；有的地段植被茂密，灌木丛生，鲜花灿烂；在一些低洼有水的地方，还有鱼、虾、蟹，是天然的食物存储库；有的地方苔草遍地，一望无际，苔藓厚滑；当然，也有的地方布满蚊虫，十分恐怖；有的地方动物尸骨散地，气味刺鼻……总之在沼泽地里活动，要多加小心。

2.预防毒气。由于沼泽地长年没有人烟，大量多年生长的植物枯萎，动物自然死亡，加上雨水浸泡、地面潮湿、空气不怎么流动、温度适宜，各种霉菌会大量繁殖，造成腐烂的物质沉积发酵，散发出许多有毒气体。有毒气体在清晨与傍晚的浓度高，白天与有风的时间含量低，所以在沼泽地域活动时，要避开有毒气体浓度高的时间段。由于有毒气体的比重稍微比空气重，常常聚集在低洼的凹地里。在活动时，最好要远离低凹处，不宜在低凹处久留。由于有毒气体里含有大量可以燃烧的气体，因此在浓度较高时，不能使用火，以防发生爆炸，造成伤亡。

3.警惕雾气。雾气多是沼泽地里的常见的，经常是1天9雾，特点是早晨与傍晚的雾气重，严重的地方是“三米之内不见人，半步之遥无缘见；伸手五指不见影，低头双脚难看清”。沼泽地由于空气不流通，空气含水量常常处于“饱和状态”，造成浓雾大，时间长久。所以，要密切注意道路情况，尤其是雾气较大时，更要留心道路，没有把握的前提下，不要活动，防止迷路，更要防止掉入陷阱，造成无法挽回的悲剧。

野外生存温馨提示

在野外行走，如遇险境也不要惊慌，首先要注意饮食卫生，注意食物的消毒与处理，防止食物中毒的发生；其次，要注意毒虫的袭扰，掌握毒虫的生活习性，加强自身防护；最后还要注意防止动物的袭击。

4.防隐蔽陷井。在沼泽地里，有的陷阱非常隐蔽，常常被灌木、植被遮盖，而且直径很小，不容易被发现，一旦不甚踩在上面，很快就会被污泥卷入，逐渐被淹没。有的陷阱是天然的裂缝、沟壑、崖壁，隐蔽在藤萝、植被与绿藓之中，深不可测，十分危险。在沼泽地域活动时，应该注意脚下的每一点、每一块，不能放松警惕性。最好找一根长树棍，在危险地段，逐步试探，确保万无一失。

5.防动物袭击。沼泽地，野生动物活动频繁，要注意对蛇、蟒、蚋、蜥蜴、鳄鱼、老鼠的袭击，预防蚂蟥与毒虫的叮咬。

6 被狗及其他动物抓伤

野外会遇到很多野生动物，野生动物是否含有狂犬病毒谁也不知道。所以，应提高警惕，保护好自己。

狂犬病病毒主要存在于受到狂犬病毒感染的狗、狼、狐、猫、蝙蝠、鹰、熊等动物体内，当这些动物咬人、抓伤人或以舌舔人的皮肤时，病毒没有被及时的杀死，而是通过擦伤的皮肤，经毛细血管，由血液进入人体内。

沈利去郊区观察植物，在灌木林中看到一只野猫，不慎被野猫抓破了胳膊。爸爸发现是被野猫抓破的，认为狗咬破的伤口才会传染狂犬病，便没有采取紧急预防狂犬病的措施，用普通的创可贴给沈利的伤口粘上。结果不到一个月，沈利开始出现狂犬病的症状，不喝水、怕风，哭闹不停。送医院检查后，情况万分危急。

开动脑筋

1.认识传播源。狂犬病由病犬传播的占85%~90%，由病狼、野病猫、病刺猬、病熊、蝙蝠感染的也占一定比例。

2.预防是关键。野外活动前，要了解当地流行病情况，做到心中有数。在野外不要随便逗狗、猫、鹰、刺猬、蝙蝠等动物，特别是来路不明的野狗、野猫及其他动物，更不能随便把野外抓到的动物带回家。认真识别疯狗，疯狗的特点是：突然生活习性反常，乱咬乱撞，流涎，眼发直，皮毛蓬乱，追咬人及其他动物，连平时喂养它的主人也不例外。在接触狂犬病人时，要小心病人的唾液，被病人沾染的用品要进行消毒；要谨防自己的皮肤及黏膜被感染。

3.及时治疗。若被狗（动物）咬伤后，应及时到防疫所诊治。如远离防疫部门，应立即用针刺伤口，使之出血或在伤口上用火罐拔毒；用20%的肥皂水、1：1000的高锰酸钾液或0.1%新洁尔液冲洗伤口；伤口绝对禁止缝合及包扎；尽快停止一切野外活动，在医生指导下，积极进行预防接种。

野外生存温馨提示

预防是前提，重视是关键。野外被不明动物咬伤，不能麻痹大意，一定要去注射疫苗或配合医生的治疗。

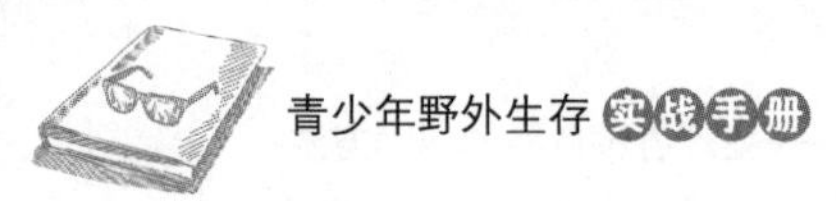

7 遇到枯朽的大树

野外遇到枯朽的大树是最常见的事，不要麻痹大意，不能在枯树周围攀登、嬉戏、打闹，避免意外事故发生。

周末，13岁的小谷与妈妈外出爬山，发现了一棵大槐树。由于病虫害，大槐树的内部几乎空了一半，树顶也已经枯黄，看上去很凄凉。为了留个纪念，小谷决定拍照留念。他趁妈妈不在身边，独自来到大槐树下，开始取景，前后、左右拍了好几张，觉得还不过瘾，便爬上树自拍。刚爬到一半，大槐树的树干呼啦一声倒了下来，小谷被砸成重伤。

开动脑筋

1.在远处拍照。枯朽的大树根基不稳，随时可能会倒下，不能靠近。如果需要拍照，要在安全距离以外拍照，留个纪念就可以了。

2.绕着走。无论在什么地方遇到枯朽的大树，在保持安全距离的同时，尽量绕着通过，不要怕麻烦。因为枯朽的大树遇到地震、大风等外力的撼动，都可能对人的安全造成威胁。

3.不攀比。看到别人爬树没出事，就认为自己爬也不会有事。不要这么想，更不能这么做，很多不幸事件发生就是因为大意、攀比造成的。

4.不久留。如果不慎靠近了枯朽大树，要迅速离开，不能看个没完没了。其实，有时生命很脆弱，生与死就是一瞬间的事，

野外生存温馨提示

野外的枯树很危险，要记住“五不”，即一不围观，二不攀爬，三不久留，四不钻闹，五不靠近。

大意不得。

5.不钻闹。树洞里面可能藏着杀手，如毒蛇、黄鼠狼、狐狸、刺猬、老鼠、野猫等，里面情况复杂，滋生着很多病菌，危机四伏。如果只图一时的快乐，轻易往里钻，可能会遭遇“杀手”，发生不愉快的事。

8 遇到废弃的砖窑

废弃的砖窑里潜伏的危机很多，不能盲目进入；哪怕是在外侧墙体附近休息也不可以，也会对安全构成严重威胁。

暑假的一天，12岁的龙龙与13岁的东东相约骑车到郊区爬山。两人骑了几小时感到很累，准备休息一下。发现不远处有一个废弃的砖窑，就进去休息。由于很累，他俩一会儿就迷糊着了。不巧的是，没过多久，暴雨突至，意外发生了，墙忽然倒塌，两个人都被压埋在了里面。两人紧急呼救，终因体力不支晕了过去。待家人找到他们时，俩人已奄奄一息。

开动脑筋

1.不进去，更不能睡觉。发现废弃的砖窑后，不能因为好奇盲目进去看个究竟；更不能在里面睡觉，否则会遇到不测。因为废弃砖窑里藏污纳垢，是许多毒虫野兽藏身的地点。

2.不靠近，保持安全距离。不要在废窑外面靠、坐、卧、躺，废弃砖窑大多年代久远，墙体基本没有了支撑力，稍微遇到外力，就可能发生倒塌

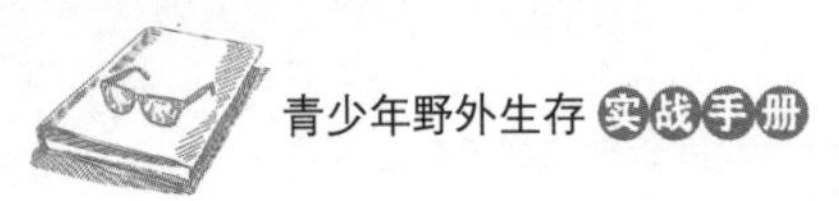

现象。

3.提高警惕，做好防护。一旦进了废弃砖窑，要集中精力，认真勘察，随时准备应对各种情况的发生，发现异常要及时撤出。

4.保持镇定。如果进入废弃砖窑，不要在里面大声呼喊，不要在里面乱跑，也不要到处翻挖东西，以减少发生危险的可能。

5.留下信息。进入前，为了以防万一，要给外面的人留下提示信息。告诉家人或朋友进入砖窑的时间，以便救援人员能及时发现。

野外生存温馨提示

野外废弃的砖窑由于长期见不到阳光，会滋生很多致病病菌，容易使人感染生病，所以务必要远离。

9 分清轻重缓急，保存体力

野外危险发生后，只要头脑还清醒，就要保持理性，提高警惕，立刻分析危险的轻重缓急，想方设法使自己处于主动地位，并科学确定应对办法，学会保存体力，生存机会肯定就会大大增加。

20世纪70年代，一艘客轮不幸触礁，10名学生有幸游到了一个荒岛上。他们找遍了岛屿的每个角落，没有发现任何食品与淡水。情况十分严重，有5名学生精神高度紧张，大声叫喊：“与其坐以待毙，不如下海游向港口。”

面对着茫茫大海，其实根本不可能游回港口。可是，失去理智的5 名水性好的学生，不听其余5人的劝阻，相继跳下海，游了几小时后，全都溺亡

了。相反，原地保存体力的5名学生，坚信港口会派人救援，第二天就等到了救援的船，成功获得了救助。

开动脑筋

1.分清轻重缓急，保存体力。有的人心理素质差，遇到问题冷静不下来，不知道什么是急，什么是缓，作出的决定违反科学，违背客观实际，把本来不严重的事情，反而闹严重了。本来可以等待救援，可是由于自己逞能，超限度地透支体力，犯了低级错误。

2.头脑清醒，理智行动。野外遇到危险，要记住一条永恒不变的定律，当危险接二连三地发生，你处的环境危机四伏时，死与生就是一瞬间的事了，首先要非常清楚地知道自己该干什么，第一要务是摆脱对自己生命有危险的环境，绝对不能含糊。如果你还是按照常规的办法来行动，顾及这个，顾及那个，最终会因为错过时间，导致被动。

3.镇定自若。还要记住一个原则，无论发生什么惨烈的情况，要做到心中有数，能科学分析情势，趋利避害，把危险减少到最低限度。面对身边死亡的亲人，面对自己的伤情，要冷静沉着，化悲痛为力量，坚定自己能活下去。知道如何保存自己的体力，知道空耗体力就等于自杀，知道盲目地行动会招致杀身之祸，知道在条件不具备时，喊破天也没有用的道理等。

野外生存温馨提示

“分清轻重缓急，保存体力”，这句话说起来容易，但是实际上确实很难把握。话的本意并不是让你不动、不说，到了该说、该动的时候一定要敢说、敢动，这样才能确保不失去每一次逃生的机会。

10 感到恐惧了

野外遇到突然的危险，产生一点恐惧之心是正常的，但是，如果恐惧长久无法消失，干扰了自己的正常思维与行动，就是非常可怕的事情了。

秋天到了，爸爸带着小红去山区玩。夜间去厕所时，看见了一个黑影子冲她走来，怪叫了一声，吓得她大叫一声，从此精神失常，再也不敢夜间出门了。后来，整个人都变了，变得抑郁、不想见人，也不爱说话了。

开动脑筋

1.要保持镇静。心理状态决定一切，战胜恐惧就等于战胜了自我。这一点非常重要，是延续生命的关键。因此，当遇到危险，感到恐惧时，感到精神快要无法控制时，应该尽力保持镇静。如冷水洗脸、深呼吸等。

野外生存温馨提示

生活中的很多事例告诉我们，面对恐惧与危险，不一样的心理状态会带来不一样的结果，你退缩了，更大的麻烦就会向你逼近。

2.不断激励自己。要多想想英雄人物，不断暗示自己，鼓励自己，尽快消除恐惧心理带来负面影响，以积极的姿态调整好心理状态，保持良好的情绪和敏捷的思维。

3.加强训练。心理学家认为，战胜恐惧是一个综合与系统的过程，关键是需要训练与尝试。要敢于面对恐惧，逐步适应恐惧，最终达到战胜恐惧。心理训练需要长期、艰苦的努力，要自觉地训练自己的胆量，使自己勇敢起来。

11 遇到山体滑坡

在野外的山区活动时，可能会遇到不同程度的山体滑坡、山石滚落，不要慌张，更不能站在原地，听天由命，这样会白白送命的。

暑假，7岁的小兵与家人到郊区玩，看到了一只兔子，高兴地追了过去。兔子跑上山顶，小兵拼命追赶。忽然，兔子的脚一蹬岩石，“呼啦啦”一阵巨响，数米长的山体滑落下来。

小兵吓得呆若木鸡，幸好爸爸反应速度快，第一时间冲过来，拉开了小兵。

开动脑筋

1.知道山体滑坡的原因。自然因素主要包括：地震、温度的变化、狂风、暴雨、大雪、野兽的踩踏等。人为因素主要包括：行走、攀登、拉拽等。

2.危害严重。山体滑坡很可怕，也非常危险，几公斤、几十公斤的岩石、土、树桩、鹅卵石、沙顺着陡峭的岩壁呼啸而下，速度很快，瞬间就会到达你所处的位置。因此，要严加防范，及早应对。

3.安全谨慎行走。在山区居住时间长的人很有经验，他们总结了一些应对山体滑坡的好办法。一是学会试探走路。在山坡陡峭，岩石风化严重，土质不

野外生存温馨提示

保持镇静，仔细观察，要用最快的时间看清楚坠落物的滚动方向，而后迅速躲避。如果实在躲避不开，要迅速蹲下，藏在凸出、坚硬的岩石后面，以防止发生不测。

好的地段行走，每一步都不要轻易迈出去，要试探着伸出脚，认为确实牢靠，才可以继续往前迈步。二是记住宁绕十步远，不走一步险。野外山路暗藏杀机，不要贪图近路。三是爬山时，如果前（上）面有人行走，应该远离他，不要与他在一条直线上，否则一旦山石、沙土坠下，正好就砸着你。

12 突遇水库放水

野外遇到水库的可能性大，水库边游玩时，要时刻提示自己河道危险，不能麻痹大意。随时注意观察，发现情况迅速上岸。注意倾听，听到异常的声音，要马上撤离险地。

有一年夏天，9岁的红红与妈妈去河边抓蝌蚪。河道里的水不深（10厘米高），蝌蚪就在明面上游动。红红与妈妈一起下水捞，特别高兴。她与妈妈只顾捞蝌蚪了，没有注意岸边的告示：注意，近期水库放水，严禁在河道里停留。

突然，她与妈妈感到河道里的水在猛涨，很快她们被冲到了一个隔离木桩上，还好她们在慌乱中抱住了木桩呼救，被路人发现，成功得救。

开动脑筋

1.要有安全意识。进入河道里，要首先看看岸边有无“安全告示”，不能只顾玩，要眼观六路，耳听八方，对周边环境做到心中有数。其次要

“一心二用”，边玩边看，随时准备撤离。

野外生存温馨提示

如果遇到水库，最好看一看有无警告牌，不能在大坝下久留，不能在大坝上随意跑动、休息或宿营。

2.要果断采取行动。一般情况下，上游的水下来的速度很快，水位上升得也快，一旦发现水库放水了，就要争分夺秒，立刻上岸，切实保证生命安全。

3.不能久留。夏天水库经常放水，要有思想准备，注意观察水位变化情况，随时应付出现的情况。在河床里活动时，不能久停，必要时设一个“观察哨”，及时提醒自己。

13 遇到鸟巢

野外的灌木中、树上、岩石缝隙中经常有鸟巢，发现鸟巢以后，要主动保护，不要伤害鸟及鸟蛋。如果觉得不安全，可以通知动物保护单位把鸟巢与鸟蛋保护起来，不能擅自搬动 。

15岁的乐乐最喜欢到郊外玩，暑假，她与妈妈一起到郊外果园采摘。果园的工人告诉她外面是野地，情况复杂，不要出果园。

乐乐摘了一会，觉得没有什么意思，悄悄地出了果园，在附近的一处杂草堆里，意外发现了一个鸟巢。她惊喜万分，伸手就去掏鸟蛋。

突然，一条一米长的蛇窜出来，咬了她一口，随即消失在杂草里。她顿时吓得目瞪口呆，全身哆嗦，“扑通”一声，瘫倒在地上，昏迷了过去。

妈妈马上赶来发现乐乐被蛇咬了，立刻开车去了医院。医生紧急处理后，说不是毒蛇咬伤，没有危险。可是乐乐却发生了变化，不敢一人在家，不敢一个人上卫生间，不敢一个人出门，不敢一个人待在屋子里，稍微有一点风吹草动就情绪异常，显得特别焦躁不安。她失去了往日的快乐，变得特别爱哭，学习成绩一落千丈。妈妈感到特别苦恼。

开动脑筋

1.遵守规定。野外活动，只要对地形不熟悉，对情况不了解，一定要按照管理人员的要求，管住自己，不能擅自活动。有事离开时，必须告诉大人。

> **野外生存温馨提示**
>
> 如果遇到鸟巢，不要轻易碰、摸、拿，更不能冒失破坏，以免招来不必要的麻烦。

2.谨慎行动。在野外会遇到很多好看的、好玩的东西，不要轻易去抓、拿，兴许背后藏着杀机呢。鸟巢里的情况复杂，很可能藏着老鼠、刺猬、黄鼠狼、蝙蝠、蛇、壁虎、蝎子等，万一让你碰上，不发生意外的话，也会吓你一跳。

3.寻求帮助。如果感到特别好奇，可以告诉家长，或向当地的管理人员请教，仔细了解情况，弄清事情的来龙去脉，揭开秘密就是了。

4.提高心理素质。无论经历什么样的“刺激”，有了一次打击后，要勇敢起来，自信地说“我经历过”，胆子大了，什么也不害怕了。要不断地鼓励自己，相信人是最勇敢和有智慧的。

第十讲

求生的根本

——具备良好的心理素质

“五一”假期，爸爸带11岁的毛毛去野外写生，因为毛毛喜欢画画，老师建议毛毛经常到大自然中观察、写生。

爸爸和毛毛进入山区，爸爸走前面，毛毛跟在后。突然，毛毛在山石杂草中发现了许多难看的虫子，吓得不敢往山里走了，闹着要回去。

爸爸看着虫子，轻松地说：“毛毛，虫子难道比人厉害吗？虫子这么小，还没有小手指大呢？没有什么好怕的。为了画好画，为了画得真实，许多名画家独自在深山里写生，遇到的危险和困难特别多，都坚持下来了，最后成为一代大画师。你知道吗？”

毛毛小声说：“爸爸，可是、可是、可是，我害怕虫子的颜色，花花的、怪怪的，太恶心了。”

爸爸看着花虫子，微笑着说：“毛毛，为什么虫子身上的颜色是花的呢？因为虫子自我保护能力强，花色示意警告，不许伤害它。没有什么，其实是虫子进化中的一种警告语言。”

爸爸看着花虫子，继续说：“毛毛，野外生存其实就是一种高超的心理较量和非凡的胆量考验。实践证实，野外生存的最大障碍就是要具备战胜自己的本领，说白了就是要具备良好的心理素质。”

听了爸爸的话，毛毛受到了鼓励，内心终于鼓足了勇气。

1 良好的心理素质是求生的根本

当人遇到危险后，排除非暴力的因素，其实最大的危险还是自己心理上的因素，所以，提高个人心理素质很重要。

据说有国外的医学家和心理学家曾经进行过这样一个试验：在给一个死刑犯抽血时，明确地告诉他要抽干他体内的全部血液，当把抽血管插入他的胳膊动脉血管后，引出管插入一个容器内（不让被抽血人看到），将引出管用绳子绑住，不让血液流出。再找来一个自来水管，从另外一侧插入容器中，自来水滴入容器中“滴答、滴答——”的声音，故意让被抽血人听到，结果几小时后，被抽血人死亡了。

开动脑筋

1.死亡原因。其实，从他体内一滴血也未抽出来，可是为什么会死亡呢？心理学家和生理医学家经过分析认为：当人的心理出现激烈的异常外界干扰反应时，只要超过人的承受极限，就会出现思维混乱，造成精神崩溃，从而导致大脑失去意识控制，使人不能自主，最终会死亡。

2.心态最重要。当遇到危险后，应该想尽办法克服恐惧心理，调整好自己的心态，保持良好的情绪和敏捷的思维。在心理上首先不要被危险、困难吓倒，更不能失去理智。

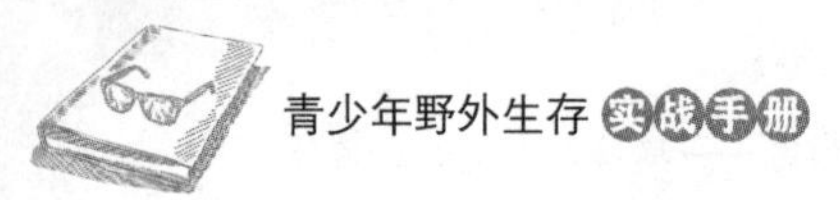

3.想法决定生死。据国外的一家分析公司的统计资料显示，他们对近千人曾经有过遇险经历的人调查得知，在这近千人的遇险过程中，心里始终有这样一个想法：肯定能生存下去，人是万物的主宰，没有什么可怕的。正是在这种想法的支配下，他们才创造出了许多惊人的求生办法，最终得以生还。相反那些遇险而死亡的人，据生存下来的人回忆，几乎都认为自己活不了，丧失了抗争的信心与勇气，主动放弃了求生机会。

野外生存温馨提示

在野外，如果人的心理崩溃了，行为就会失常，面对危险，无法做出及时、正确的判断，生命可以说也就无从谈起了。因此，提高心理素质，培养人的意志力，对于生存来说极其重要。

2 坚定的信念是生存下去的关键

信念是人的精神支柱，至关重要。心理学认为，一个没有信念的人，或者信念不坚定的人，面对危险与突发情况，是不会想出好的预防办法与对策的，只会错上加错。

有一年，某地森林着火，3名学生被烧伤。在事故调查中，人们发现3名学生本来是可以安全逃生的，但是为什么却被烧伤了呢？主要是因为3人当时都“傻”了，没有坚强的求生信念，惊慌失措，行为失常，胡乱高喊：“火来了，没有命了……”3个学生边喊，边顺着风跑，被火追赶上来，烧成重伤。后来，根据消防专家讲，如果当时3个学生不慌张，有生存的信念，冷静下来，逆风横着跑，几乎不会被烧伤。

1.生的信念，永远不动摇。坚定的信念、必须生存下去的信念可以产生源动力，给人以无穷无尽的力量与勇气。平时，要有意识地培养自己，锻炼自己。信念一旦产生，就不要来回摇摆，无端怀疑自己的实力，容易产生消极因素，影响人的正常思考。成熟的人，会始终保持情绪愉快与稳定，以乐观的精神状态对待危险、恐惧与死亡。

2.不断激励自己。野外遇到危险后，不管是什么原因造成的，自己要有坚强的求生信念。始终坚信自己能战胜危险，克服困难，渡过难关。信念可以起到支持的作用，是一种特殊的催化剂，可以使人“超强度”发挥。

> **野外生存温馨提示**
>
> 人在情绪稳定、乐观的状态下，精力会高度集中，脑细胞会超常发挥应有的作用，智慧的火花会闪现出来，奇迹也会随之发生。

3.调节心态。危急时刻可以想想亲人，可以想想救援人员马上就到，可以想想人是最伟大的，是万物之主，没有什么害怕的。

3 顽强的意志是求生的保证

野外遇到危险，同样是死亡威胁，出色的意志品质，良好的心理状态，是延续生命的关键。

1998年的夏天，我国南方发生了百年不遇的特大洪水，波涛汹涌的洪水把老百姓的房屋冲倒了。一个当时只有几岁的小女孩在洪水中，抓住了

一棵小树，整整坚持了16小时，终于得救了。是什么力量使小女孩顽强地生存下来了呢？是顽强的意志品质，使她的心理承受能力大大提高。

无独有偶，第二年的夏天，东南亚某国家的南部也发生了一次历史上罕见的洪水。一个小孩叫尼娅，在洪水里也被围困了16小时，当救援人员赶到后，发现她的双手死死抓住了一棵树，已经死亡了。救护人员感到疑惑，认为不应该死亡。是什么原因致使小女孩死亡了呢？医生经过全面检查，下了一个结论是——“恐惧与绝望”导致她的意志丧失，心理承受能力失控，出现了精神崩溃，造成死亡。

开动脑筋

1.出色的心理素质。心理学认为：意志品质是保证实现人们目标的一种心理条件。在危险到来时，意志是激发人体内在动力的主要因素。良好的意志品质应该具备自觉性、果断性、坚韧性和自制性的特点。

2.磨炼意志。人们常说：“有志者，事竟成”“志不立，天下无可成之事”。意志品质需要严格的磨炼，培养坚强的意志，是每个人在人生道路上必须解决的重大问题。实践证明，顽强的意志品质是靠平时的不断磨炼，逐步形成的。不是一朝一夕的事情，也不是脑子一热就有了良好的意志品质。因此，日常生活中，应该主动吃点苦，善于控制自己的行为，约束自己。

野外生存温馨提示

做任何事情应该有明确的目的，有不达到目的不罢休的决心。要多读英雄模范人物的书籍，从英雄身上悟出做人的道理。

3.注重培养。一要学习有关强化意志的知识，知道良好的意志是什么。二要有明确的目的，目的性强是良好意志的基本特征之一。心理学认为：明确的目的性，可以增强行动的自觉性。三要从烦琐的小事做起，努力提

高意志的坚韧性和自制力。四要雷厉风行，培养行动的果断性。

4 战胜寂寞是求生成功的前提

寂寞是人们比较普遍的一种心情，其含义是指在一定的环境下产生的孤单冷清的心理感受。其实，人人都会遇到寂寞问题，这是谁也躲不过的事情，要学会克服，战胜自己。

喜欢摩托艇的尼加与兰格，驾驶摩托艇上了太平洋的一个岛屿，摩托艇意外被撞坏，无法返回。饮食、饮水都没有了，尼加与兰格在岛屿上待了三天，天天希望来人营救，可是没有发现任何船只。面对寂寞，面对茫茫大海，面对凄静的夜晚，两人逐渐出现了精神失常现象，竟然情绪失控，双双自杀身亡。其实，在岛屿上有很多食物可以吃，保证生命的延续是没有问题的。

开动脑筋

1.不急不躁，战胜寂寞。寂寞的感觉非常可怕，调整不好，就可能诱发心理疾病，甚至是精神疾病。寂寞是一种消极的、难以抑制的心理状态。如果深陷于寂寞之中不能自拔，就会变得没有朝气，没有信心，没有追求，严重时还会导致焦虑、抑郁症的发生。面对寂寞，最好的办法是不急不躁，泰然处置。

2.有充足的心理准备。有过野外冒险经历的人，最有感触的就是野外漆黑的夜晚，死一样的寂静，让人毛骨悚然，精神高度紧张。面对无人、无声的世界，感到特别的焦躁不安，最后会出现麻木不仁的精神状态，真是生不如死。

3.把危险与困难想得严重一些。如果是在荒岛上遇到危险，独自一人面对着恐怖的荒岛，战胜寂寞更具有挑战性。由于海洋性气候，狂风、暴雨、海啸是常见的事情。台风的威力很大，有时风力可以达到11级，而且一刮就是几个昼夜，浪高可达到数十米。暴雨也是荒岛的常客，有时日降雨量可能会超过200毫米，整个荒岛几乎会被雨水淹没，成为一片汪洋。面对这样恶劣的环境，更应该做好心理准备，让内心更强大。

野外生存温馨提示

野外遇到危险，可能会面对寂寞，没有寂寞，也就不存在野外求生的事实了。寂寞是对人的意志品质的考验，凡是成就大事者，都是战胜寂寞的大赢家。

4.持之以恒，勇敢接受挑战。成功的求生者就要面对这一切，要有勇气战胜困难与寂寞。战胜了寂寞，就等于战胜了自我，成功的希望就出现了。野外条件许可，就安下心来，守住自己的“新家园”，精心布置，会别有情趣。这样再面对寂寞时，也就没有那么消沉与恐怖了。要有理想，坚信自己能成功生存下去，坚信有人来营救，这样就有更多的力量与信心。

第十一讲

气象观察

——野外学会预测天气更实用

暑假到了，强强与爸爸去野外游玩。爸爸的汽车进入了山区，强强十分好奇，看着窗外的景色，不断地按下手中照相机的快门。

进入山谷的小路上，突然路上有很多蛇，急忙忙地爬过小路朝山谷外逃窜。

“蛇！”强强大喊着，不断拍照。

爸爸看到蛇着急过道，钻出山谷，表情严肃，立刻停车，掉头往回开，不一会儿，山谷里发生了泥石流。

爸爸把车停在安全的路边，带强强下车观看山谷，强强疑惑地问：“爸爸，你怎么知道山谷里有泥石流发生呢？”

爸爸看着被泥石流冲撞的山谷，微笑着对强强说：“蛇，是蛇预报了天气。”

听了爸爸的话，强强着急地问：“爸爸，蛇能预报天气吗？真是太神奇了！”

爸爸闻了闻空气中的气味，认真地说：“能，不仅蛇能，很多动物、植物都能预报天气。几千年来，我们的老祖宗在劳动中，通过不断地积累与实践，总结出来了许多简单、实用的预测天气的好办法，这些办法主要是看动物、观察植物、看云彩、看风向、看日月星辰、听雷声等，从中发现天气的变化规律，这对于野外及时地掌握天气的变化，保证顺利地生存下去，是非常有价值的。”

听了爸爸的话，强强十分好奇，说：“爸爸，我们的老祖宗太聪明了，原来野外有这么多关于天气的学问呢，给我好好讲一讲吧。”

爸爸高兴地点了点头。

1 天气预报

野外活动，天气预报不可少，是保证活动安全、顺利进行的基础。所以，外出前，务必查看天气情况，做到心中有数。

夏天，佳佳与爸爸妈妈去南方旅游，为了多看几个景点，爸爸急着开车赶路，夜间也不休息。

汽车从高速路进入荒凉的山区后，忽然，一家人觉得空气中腥气味浓，没有多想，继续开车，结果遇到了暴雨，汽车冲入沟里，一家人都受了伤。其实，当地电台一直在播放着山区有暴雨的广播，只是他们没有注意收听。

1.养成收听电台广播的好习惯。外出前，要注意收听天气预报，掌握活动地域的天气情况，及早回避。

2.看电视天气预报。现在电视预报天气很普遍，各地电视台都重视天气预报，经常看当地的电视天气预报，也能掌握天气情况。

> **野外生存温馨提示**
>
> 野外活动，天气预报不可少，不能马虎，更不能认为是无所谓的事，有时因为一点点的小失误，会导致灾难性的后果发生。

3.网上看天气。网上的信息多，随时打开网络，看看天气情况，方便快速。

4.了解情况。到了地方以后，不急着活动，调查了解当地的天气变化规律。

5.看当地的报纸。当地的报纸一般每天都有天气预报，买一份报纸，重点读一读天气情况。

2 民间谚语里的天气情况

民间谚语是老百姓长期积累的宝贵财富，一般能很好地预报天气变化情况，这对野外求生存的人来说意义重大。平时，只有注意调查研究，注意收集、整理、消化，才能运用自如。

一天深夜，10岁的毛毛与爸爸在一个山角低洼处抓蛐蛐。他们使用的应急灯很亮，忽然发现很多的翼蚁扑到灯前，还听到附近的池塘里传来蛤蟆乱叫声，没有在意，继续抓蛐蛐。一会的工夫，雷阵雨骤然降下来，引发了泥石流。处于低洼处的毛毛与爸爸被泥石流压埋，挣扎了半天，才逃出来。

开动脑筋

野外生存温馨提示

在民间，流传的谚语非常多。有些非常准确，很有参考价值。要多学习，预先有准备。

1.牢记谚语。常常听到的主要谚语有："蜻蜓满天飞，风雨在眼前""水缸出汗，蛤蟆叫，会有风雨到""燕子低飞，

蛇过道，一会就有雨来到”“蚂蚁搬家山戴帽子，大雨很快就来到”“金边小蚂蟥，争着出水来，天气最近要不妙”“泥鳅水中出，老天爷把气出”“龟背湿，雨湿湿”“星星晚上独自哭，夜间天空会淋泪”“风在雨前，雨就走；雨后无风，雨久留”“早晨遇见雾，出门暖盈盈”“突然地来潮，随后雨就到”“腥气味来到，风雨接着到”“雷电像把伞，大雨下不完”等。

2.结合实际应用。有时，民间谚语预报天气并不能完全保证准确，应该采取综合预报法，多方面验证天气情况，以保证准确、及时。

3.不断检验。平时，如果发现特殊的异常情况，可以观察天气变化，检验一下民间谚语的准确性。

3 根据动、植物与日月星辰预报天气

野外活动中，要多留心观察，注意听，仔细想，掌握“天公”变脸的原因，看万物为什么会喜、怒、哀、乐、愁，把它们要说的话，全部“翻译”过来；把隐含在大自然身上的“玄机”弄得明明白白，时刻掌握天气变化的主动权。

威名远扬的拿破仑不仅是一位出色的军事统帅，而且还称得上是一位动物学、气象学专家。

根据战争史料记载，1794年秋天，他率领大批军队作战，对方采取水淹战术，以阻止拿破仑的进攻。他们打开各条运河的水闸，滔滔洪水滚滚而出。看到这一情况，法军先头部队停止进攻，开始撤退。正在撤退之

时，拿破仑看到了树上的许多蜘蛛正在大量吐丝织网，他心中大喜。因为他知道蜘蛛大量吐丝织网，就预示着天气会迅速变冷，气温会骤然下降。于是，他果断下达了停止撤退的命令，准备新的进攻。

士兵们糊涂了，正在百思不得其解时，寒潮突然到来。一夜之间江、河、湖封冻，拿破仑率领士兵踏着结冰的河，攻占了城堡。

开动脑筋

1.看动物。大自然是动物的王国，有些动物生存在地球上的时间比人类早。它们适应大自然、了解大自然，许多动物身上的灵性是人类望尘莫及的，就是用现代科学也难以解释。动物们对于天气的变化有着特殊的敏感度，而且知道怎么去应对。

看鱼的异常反应。如果看到有河、湖、江或者是池塘中有鱼来回翻跳出水面，或者吃力地用嘴伸出水面呼吸新鲜空气，这与大气压有直接的关系，说明水里的氧气减少，不久大雨就会到来。

看蝌蚪的异常情况。如果在河塘边的浅水域里发现许多蝌蚪来回游荡，惊慌失措、急不可耐的样子，预示着可能有雨。

看甲鱼的背部。如果发现有大量甲鱼爬上岸，而且背部有露珠状的水滴出现，说明雨将来到。

看蝗虫的活动规律变化。发现蝗虫突然集体消失了，说明最近会有雨到来。

看蚂蚁活动异常情况。如果看到大量蚂蚁集体着急地行动，而且是往高处爬行，嘴还衔着食物，说明蚂蚁在搬家。这预示着要长时间下雨，而且这雨小不了。山凹处、低洼处都会积满水。

看燕子低飞。突然发现燕子低空飞行，而且是来回盘旋着飞，嘴里拼

命地吃着东西，还匆匆忙忙的样子，说明大雨将至。

看蚊子及小飞虫的活动情况。如果发现满天的蚊子与小飞虫聚集在一起，绕圈群飞，不去咬叮动物，而且很嘈乱，说明风雨就要来到。

看野鸽子与野喜鹊出巢穴与回巢穴的情况。如果早晨观察到野鸽子与野喜鹊不出巢穴，晚上看到鸽子与野喜鹊早早回归巢穴，说明要有雨到来。

看蜻蜓的飞行状态。看到蜻蜓不是在树丛里飞来飞去，而是显得紧张，群飞群舞，说明风雨将至。

看松鼠搬家。在冬天，如果发现松鼠把松子衔在嘴上，着急地运送到窝里，而且是不停地运送，说明大雪将至。

看蚯蚓的藏身地点。野外，可以认真看蚯蚓的藏身情况，在天气炽热，大地干裂之时，如果蚯蚓不藏在地下，着急地出来晒太阳，说明有雨来到。当天气阴雨连绵之时，看到蚯蚓从地里着急地出来喝水，说明很快就是晴天。

看蛇。如果发现蛇集体拥挤着，匆忙爬过道路时，说明一会儿就有雨到来。

看麻雀屯粮。如果是冬天，就可以观察麻雀，当发现麻雀大量囤积粮食时，预示着要下雪。因为，冬天下雪，雪把草、树全部盖上了，麻雀找不到食物吃，所以就要提前储备食物了。

牢记：许多动物是非常聪明的，它们对天气的变化十分敏感，甚至是有先知的功能。所以要留心观察，平时要多学习一些动物知识，了解它们的生活习性与行动特点，可以把它们当作野外“气象老师”。

2.观察植物。大自然的植物数万种，是地球的活化石。它们默默地记载着地球的气候变化。许多植物对气候变化非常敏感，是天然的天气报警器。只要你留心观察，就会发现很多植物与天气变化的奇妙关系。

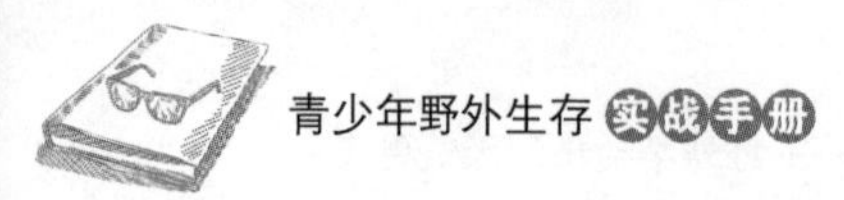

看早晨的树叶子“洗脸”。早晨，如果你发现有些树的叶子上有水珠子出现，就预示着空气潮湿，可能要下雨了。

看树皮“哭泣”。在南方有一些树会“哭泣”，当地的老百姓知道，如果发现树皮“流了眼泪”，说明要下大雨了。

看树枝的坚硬与柔软情况。如果天气干燥，干旱严重，突然看到树的最上面的枝子柔软、鲜嫩起来，说明有雨要来。

看颜色情况。早春季节，如果发现柳树的顶端开始拱出绿芽，说明天气将转暖。

看落叶情况。秋天，如果发现树叶子飘落较快，而且是大量的，预示着气温马上会下降。

看小草的生长情况。在野外的早晨，如果看到小草上到处都是晶莹的水珠子，而且在日光出来后，长久不挥发掉，同时小草的长势喜人，说明最近要下雨了。

3.观察日月星辰与云彩。云是非常美丽的，平静时它像仙女一样，令人心醉，让人心旷神怡，使人感悟到天与人结合得多么的美妙。然而云彩暴怒时，它会变得奇特异常，令人恐怖与害怕。根据它的变化，就能看到天气的变化情况。

日月星辰是自然的天体物质，它的运行与地球的运转有着直接的关系。天气的变化可以直接反映在日月星辰的“脸”上，二者有着密不可分的联系。由于温度、湿度、气流、气压的变化，大气层也在不断地随之变化着，出现的一些特殊天文现象，会直接影响人们观察日月星辰的效果。日月星辰表现出来的各种情况，就预示着天气的变化情况。因此要学会观察云，掌握日月星辰的“脸色”，弄清楚日月星辰、云彩与天气变化的关系，做到心中有数。

我国劳动人民根据多年的观察总结，掌握了很多日月星辰与云彩的变

化规律，了解了天气是如何随着日月星辰与云彩的变化而变化的。

现象一：在天空上，如果看到天上有很多的云相互交叠在一起，而且杂乱无章，碰撞挤压，行动速度快，可能要下雨了，需要提前准备防雨，或者是防备泥石流的发生。

现象二：如果在傍晚的天空，看到许多乌云从西方向东方缓慢移动，最后追上了马上要落山的太阳，并把太阳光给遮住了，夜间可能要下雨。要注意夜间的防护准备，远离危险的凹地、狭窄的山谷与容易发生泥石流的地点。

现象三：春夏之交的季节，有经验的农民看到天上的云像梨似的，就赶快准备插种了。因为他们知道，不久就会下连阴雨了。在这个季节里，层积云云块下垂像梨一样，当云块合并时，云层变厚，成为雨层云，就会连续不断地下雨。

现象四：民谚说："晚霞行千里，朝霞不出门"。夏天的早晨，往东边看，如果看到太阳身边散发出许多红彤彤的霞芒，说明空气中水的含量高，白天要下雨。夏天的傍晚，往西方看，如果看到太阳披上了彩霞，说明第二天的天气非常好，晴空万里，可以放心行走。

现象五：夏天，如果白天是阴天，看到天际边云层发白发亮，说明有大雨要下来。抬头往天上看，如果天上的云彩已经散尽，露出青天，说明天气要转晴。

现象六：夏天，如果黑色云彩低沉，观察云的移动方向很重要。云彩向东移动，说明天气即将转晴，但要刮一阵风。如果云彩向西移动，说明雨马上就要到来，要注意防雨。

现象七：根据有经验的山

野外生存温馨提示

动物、植物、日月星辰可以预报天气，是天气的预知者。野外要学会观察它们，了解它们，积极与它们对话。

区农民讲，在白天如果太阳周围有晕环簇拥，说明半夜要下雨。晚上睡觉前，应该做好防雨准备。

现象八：如果在晚上晕环出现在月亮的周围，说明白天要刮风。

现象九：我国的南方民间有这样一句话，“大华晴天，出门不愁；小华阴雨，天天犯愁。”华是在太阳或者月亮周围的内蓝外红的彩色光环。如果是华圈变大，说明水气散去，预示着天气将变晴朗；如果华圈缩小，说明水气聚集浓厚，预示着要连续下雨。

第十二讲

周密安排

——野外安全锦囊妙计

寒假到了，小丽与妈妈去北方看冰雪。出门前，妈妈特意给自己和小丽买了保护眼睛的防紫外线眼镜。与妈妈和小丽同行的邻居一家三口没有准备防紫外线的眼镜，仓促出门了。

大家顺利到了北方，小丽与妈妈戴着眼镜在雪中快乐地玩耍，堆雪人、打雪仗、滚雪球、滑雪车，半天下来，十分开心。可是，邻居一家三口就麻烦了，都患上了“雪盲症”，痛苦得难以忍受，只好去医院治疗，中途返回了。

小丽送走了患“雪盲症”的邻居，着急地问：“妈妈，为什么我们没有患上‘雪盲症’呢？”

妈妈指了指预先买好的预防紫外线眼镜，说：“是这个预防紫外线的眼镜帮了大忙，应该谢谢眼镜。”

小丽看着预防紫外线眼镜，疑惑地问：“妈妈，您怎么知道预先买预防紫外线的眼镜呢？”

妈妈看着小丽，认真地说：“妈妈在出门前进行了周密的计划与安排，做了‘功课’。在网上我查看这里的介绍，知道这里雪大，阳光充足，紫外线强烈，户外雪中活动很容易患上‘雪盲症’，所以预先购买了预防紫外线的眼镜。野外活动十分复杂，需要认真做‘功课’，认真计划，周密安排，才能避免出意外。”

听了妈妈的话，小丽为妈妈伸出了大拇指。

1 计　划

野外活动之前，周密计划很重要。制订一个科学、安全的计划，能减少不少的麻烦，保证活动顺利完成。如果不制订计划，遇到危险，会手忙脚乱，甚至引发严重后果。

夏天，小花随妈妈、爸爸外出旅游。爸爸开车来到一个风景美丽的山谷，一家人撑好帐篷，高高兴兴地野炊、游玩。妈妈和小花不想走了，提出晚上睡在山谷里。

爸爸拿出计划表，坚决反对，晚上必须按照计划，开车离开山谷，计划一旦制订，没有特殊情况，就要执行。说完，一家人开始收拾帐篷，日落前去了下一站的小镇。

妈妈和小花不怎么理解，埋怨了一路。可是，夜间山谷里发生的泥石流，把山谷填满了。小花与妈妈知道此事后，对爸爸严格执行计划的决定深感佩服。

开动脑筋

野外随时会遇到各种情况，需要预先制订计划，保证活动有时间、有节奏地进行。下面介绍三种常用的野外出行计划。

1.图表式计划。根据野外活动的地域大小，画一张出行计划图，以路线为主，用括号注明出发点、经过地点、路线、城镇名称、停留地点与时间、人员结构、民族成分、商场、铁路、公路、天气情况、疫情情况、地形情况、河流情况等。

2.文字式计划。用文字的形式，依照日期或行程顺序，把出行的目的地、活动地域情况、经过的重要地点、经过的路线、城镇名称、停留地点与时间、人员结构、民族成分、商场、铁路、公路、天气情况、疫情情况、地形情况、河流情况等一一写出来，重要内容用加粗字体或红色字。

> **野外生存温馨提示**
>
> 科学的计划是野外求生成功的重要因素，计划要细致，把情况想得复杂一点，保证计划能执行、操作。

3.卡片式计划。用数张卡片制成一个便于携带的计划卡，从第一张开始，认真记载当天干什么，遇到了什么，时间保证，物资保证，健康情况，有什么问题，怎么解决的，效果如何等。

4.语音式计划。用录音机或智能手机把野外出行的计划与安排录制下来，设置自动播放，每到一个重要的时间段，自动语音提示。

2 预　案

预案对于野外生存者来说不可少，野外遇到的情况多，在某个地域、时间段，规律性的问题、常见的问题集中，有些问题是可以预见的，只要提前准备，就能避免问题发生。

春节到了，虎子去东北看雪、看渔民冰下捕鱼。爸爸的汽车在冰雪地上行驶，汽车陷入雪坑里，虎子很着急，以为汽车出不来了呢。爸爸不慌不忙，从后备箱中取出两块木头放到轮胎下，加油驶出了雪坑。虎子问爸爸什么时候准备的木头，爸爸把一个本子交给虎子看。虎子打开一看，是一套出行预案，里面标注着携带防滑木两块，顿时对爸爸敬佩不已。

开动脑筋

野外要根据活动时间、地点、民情、环境、气候、疫情、水文、道路、动植物活动等情况制订预案，不要怕麻烦。下面介绍预案的内容与写法。

1.遇到危险怎么办。根据出行可能遇到的危险情况，无论是人员、车辆、道路等，要认真、科学地进行设想：危险是什么？可能在什么地方发生？危险发生后有什么后果？最大的损失是什么？当事人应该怎么办？如何联系？如何求救？如何自救？解决问题的办法一定要重点写清楚。一般设想3个预案，确实保证万无一失。

2.准备的器材。根据预案情况，认真准备器材，做到宁多勿少，不能因为麻烦就减少必须携带的救急器材。

3.主动做好功课。做预案简单，但是做好预案就不容易了，所以提前做好功课很重要，多学一些野外生存知识，掌握野外生存技能。

4.主动做好适应性训练。野外环境差，人员容易产生疾病，这就需要预先进行身体训练，提高抵抗力。

5.预案的写法。可以按照事情发生的概率、时间顺序、地域位置来写，要清晰、简单、明了、可操作。

野外生存温馨提示

没有遇到事情，预案的作用不明显，一旦遇到事情，预案在野外求生中的作用就会突显出来，所以应重视并写好预案。

3 执 行

野外生存的关键是执行，执行要正确，不能有偏差，有时哪怕是一点点的偏差，都会导致大的麻烦出现。

暑假，兰兰随妈妈在老家的一条小河里抓蝌蚪。兰兰玩得正高兴的时候，妈妈忽然感到河水上涨，预感问题严重，便叫兰兰上岸。兰兰没玩尽兴，继续站在水中抓蝌蚪。妈妈急了，强拉着兰兰上了岸。不一会儿，河水猛涨，刚才她们母女站的地方已经超过1米深了。兰兰这才意识到问题的严重性，她看着果断的妈妈，伸出了自己的大拇指。

开动脑筋

野外，突如其来的危险往往令人来不及躲避。所以，在野外行走或游玩，要眼观六路，耳听八方，果断行动，要有超强的执行力。

1.争分夺秒，雷厉风行，不能拖泥带水。野外的自我感觉很重要，一旦感觉不好，不要左顾右盼，呆若木鸡，务必迅速作出反应，先离开危险区域，安全是头等大事。

> **野外生存温馨提示**
>
> 野外求生过程中，正确的执行是生存的重要保证，没有执行力，往往就会遗失逃生的机会，让自己陷入被动。

2.立刻去做，该舍弃就舍弃，执行坚决。人必须有严格的执行力，能敢于担当与付出，不能因为小利，而损害全局。在特殊的情况下，不能因为所携带的东西贵重，就舍不得丢弃，必要的时候扔东西是为了减轻负担，更好地活着。

3.有时需要强制性。遇到危险情况后，有主见的人、带头的人要强制没有主见的人执行，即便被别人误解，也要先执行再解释，防止发生意外。

4 应 变

野外活动最大的特点是变数多，不可测的情况多，因此需要审时度势，以变制变。

“十一”期间，兵兵跟爸爸妈妈去南方的江边看潮水。人很多，兵兵担心看不到，擅自离开爸爸妈妈，钻到最前面看。

忽然，潮水涌了过来，兵兵措手不及，吓得哭了起来。爸爸距离兵兵1米远，却够不到兵兵的手。危急时刻，爸爸急中生智，脱下上衣，将一头扔给了兵兵，兵兵拽住上衣，终于被爸爸拉回了安全地点。

无论什么形式的野外活动，突如其来的危险随时可能发生，需要有极强的应变能力，才能化险为夷。遇到危险，到底应该怎么应变呢？

野外生存温馨提示

应变能力是一个人综合素质的体现，需要在日常生活中不断积累经验，加强训练，才能得心应手，不至于因变而乱。

1.预先应变。根据所处的环境与地域，要预先有应变计划，不能僵化呆板。如预先准备特殊物资、特殊器材、特殊药品、特殊火种等。

2.随时应变。根据发生的危险情况，立刻作出应变，应变不是盲目的，更不是慌乱的，而是紧张、严肃、有秩序的行动。

3.变中再变。变化不是一成不变的，有时需要连续的变化，才能摆脱危险，化险为夷。所以，需要头脑冷静，不能混乱。

5 计　算

科学计算能使人保持清醒，分配好体力、物资、食品、药材等，正确决定重大事情，如道路是否可以通过，桥梁的载重是多少，冰层的承载能力如何等。

冬天，小好与爸爸一起去郊外滑冰。小好看到河边的冰非常结实，正准备下去时，爸爸拦住了他。爸爸拿出冰镐，挖了一个洞，测量了一下冰层厚度，摇头说“这里不能滑冰，换个地方”。

小好不知道为什么，问爸爸原因。爸爸说，计算冰层厚度很重要，能准确地知道能不能承载他们的体重。如果不计算，随意滑冰，就会有掉下冰层的危险。

野外活动必须学会计算，掌握各种计算方法，不能掉以轻心，以免发生意外。

1.计算时间。根据活动情况，计算出行走的时间、休息的时间、转换车的时间、天黑天亮时间、联络时间等。

2.计算饮食。根据食物的量、人员数量、人体最低消耗的能量、停留的时间等，平均分配好食物消耗标准。

3.计算饮水。根据饮水量、人员数量、人体日均最低消耗水的标准、停留的时间等，计算好水的消耗标准。

野外生存温馨提示

计算是科学的求生方法，应认真对待，不能马虎，更不能认为计算是可有可无的事。

4.计算承载力。遇到野外长期无人经过的桥梁、冰层，要计算，不能盲目通过。

后　记

《青少年野外生存实战手册》涉及的知识多、面广，青少年不仅需要认真学习，还需要不断地实践、总结，有时要亲自实践，反复摸索，不断提高自己的动手能力，才能发挥自如。

野外求生是一门综合学问，无论是谁都不能忽视它。它涉及心理学、救护学、医学、生物学、动植物学、机械学、建筑学、军事学、气象学、海洋学、地理学、气象学等。因此，青少年朋友们平时应该有意识地多学一些这方面的知识，掌握更多的求生本领和技能。最主要的是多思考、多实践、多演练，不断提高动手能力和实际操作能力，确保一旦危险到来后，能够做到心中有数，沉着冷静，不至于手忙脚乱、束手无策。

作者：李澍晔　刘燕华

2018年4月28日于北京郊区老房子